문화와 역사가
숨쉬는 공간

사진으로 보는 문화역사기행

제이앤씨
Publishing Company

저자의 말

서산 해미읍성에서 회화나무를 봤을 때 아프고 먹먹했던 기억을 잊을 수 없다. 해미읍성 중앙 동헌 앞에 그 나무는 서있었다. 예로부터 회화나무는 학자수(學者樹)라고 불릴 만큼 선비들로부터 사랑을 받았다. 학문 정진의 결기를 드러내기 위해 집안에 심는 나무가 바로 회화나무였다. 그러나, 해미읍성의 회화나무는 학자수 이미지와는 결이 달랐다. 햇볕이 들이치는 뜰 한켠에 서 있는 나무는 쓸쓸하고 애달파 보였다. 회환과 무참함 그리고 형언할 수 있는 깊은 슬픔 같은 것이 깃들어 있었다.
불어오는 바람 사이로 얼핏 비명 소리가 들리는 것도 같았다. 환청이라 치부하기에는 명징하고 또렷해서 손을 내저으면 잡힐 지도 모른다는 생각마저 들었다. 수령이 300년이 넘은 회화나무는 그렇게 '노구(老軀)'를 버티고 이 무정하고 허허로운 시간을 견뎌내고 있었다.
이곳에서 무슨 일이 일어났던가. 병인(1866)년 이후 불어닥친 천주교에 대한 박해는 지고지순한 교인들을 그렇게 회화나무에 매달았다. 오래 전, 유대 땅 골고다 언덕 십자가에 달린 예수처럼 말이다. 교인들은 회화나무에 달려 한 떨기 꽃처럼, 이름도 빛도 없이 그렇게 스러져갔다. 백성을 지키라고 쌓았던 성(城)안에서 권력자들은 그렇게 신앙을 가졌다는 이유로 참형을 단행했다.
회화나무는 무정하고 무참한 시간을, 아니 참극의 현장을 또렷이 기억하고 있을 터였다. 오늘 우리가 역사라는 이름으로 환기하는 것과는 차원이 다른 살아있는 진실 그 자체이리라. 지금 회화나무는 치료 중에 있다. 해미읍성에 들르는 이들은 오래오래 회화나무를 보기 원한다. 그러나 나무 또한 존엄한 생명체다. 차라리 멸함으로써 참극의 환영에서 벗어나고 싶은지 모른다. '죽음'으로써만 '주검'을 망각할 수 있는 천형은 가혹하고 참혹할 뿐이다.

문화역사기행은 어제의 역사와 오늘의 삶 그리고 내일의 시간을 가늠하는 기회였다. 한편으로 역사와 문화 이면에 드리워진 진실을 오감과 상상력이라는 렌즈를 통해 촘촘히 들여다보는 시간이기도 했다. 직접 발품을 팔아 보고, 듣고, 체험한 것은 힘이 있기 마련이었다. 나의 것으로 온전히 체득되었을 때, 비로소 의미 있는 역사가 되고 의미 있는 문화가 될 것이었다.

물론 필자는 여행 전문가가 아니다. 역마살이 있거나 떠돌이 기질이 있지도 않다. 더더욱 역사학자나 문화전문가도 아니다. 그럼에도, 미흡하지만 나름의 '렌즈'가 있다고 말할 수 있는 것은 현장에서 익힌 감각 때문이 아닐까 싶다. 기자의 시각, 작가적 상상력, 인문학자의 사유는 그동안 기사와 소설을 쓰면서, 더러는 대학에서 가르치고 연구하면서 체득된 나름의 '관점'일 터였다.

필자가 관심을 가졌던 부분은 문화와 역사가 깃든 공간이었다. 공간은 그 자체로 역사이기도 했고 문화이기도 했으며 상호 침윤의 관계를 이루기도 했다. 사전적 의미의 공간은 "시간과 함께 세계를 성립시키는 기본 형식"을 일컬었다. 공간은 과거의 시간을 토대로 현재라는 순간을 품는 '오래된 미래'의 응결지이기도 했다.

그러나 문화와 역사가 응결된 공간을 찾아나서는 것은 설렘과 동시에 고통이기도 했다. 문화의 꽃이 피어난 곳에서는 결실의 열매를 보는 기쁨도 있었지만, 아픔과 상흔이 깃든 장소에서는 가슴 저미는 먹먹함을 느꼈다. 어떤 곳은 기쁨과 슬픔이 모두 투영될 만큼 상반된 감성을 불러일으키기도 했다.

강진 다산초당, 완도 보길도, 화순 김삿갓 공원과 조광조 사당, 부안 매창공원, 충주 탄금대, 서산 해미읍성, 정읍 동학혁명유적지, 부여 낙화암, 김제 아리랑문학관, 고흥 소록도, 곡성 압록, 담양 소쇄원과 죽녹원, 금성산성, 강진 시문학관과 하멜촌, 고창 시문학관, 장성 백양사와 필암서원, 금곡영화마을, 목포 유달산, 완도 장도, 순천 드라마세트장, 파주 출판단지, 광주 월봉서원, 박용철생가, 군산 근대문화거리, 안동 하회마을, 나주 남평역과 드들강 등.

이들 공간은 한번쯤 역사 시간에 들었거나, 드라마나 영화 혹은 문화적 재현을 통해 봤음 직한 장소들이다. 언급한 대로 거기에는 절절한 아픔과 통한의 역사가 스며있기도 했고, 더러는 우리 문화의 진미(眞美)가 오롯이 깃들어 있기도 했다.

화순의 조광조 사당, 충주 탄금대, 서산 해미읍성, 부여 낙화암, 고흥 소록도, 완도 장도 등이 전자에 해당하는 곳이라면 강진 다산초당, 화순 심삿갓 공원, 완도 보길도, 강진 시문학관, 상성 필암서원, 안동 하회마을, 장성 백양사, 광주 월봉서원 등은 후자와 관련이 있다. 물론 명확하게 둘의 경계를 구분하기 어려운 곳도 있다.

그럼에도 이들 공간에는 공통적으로 나름의 스토리가 드리워져 있다. 스토리는 오랜 침윤의 시간을 지나 마침내 하나의 문화와 역사가 된다. 이야기를 해석하고, 윤색하는 것은 전적으로 여행자의 몫이다. 스토리는 역사적 사실과 근거를 토대로 하지만 그것이 유의미한 가치를 지니기 위해서는 바라보는 자의, 여행하는 자의 시각과 체험이 투영되어야 하기 때문이다.

책에 수록된 글은 광주일보 문화전문매거진『예향』과 전남대병원『푸른무등』에 연재했던 〈문화역사기행〉 기사를 다듬은 것들이다. 3년 여에 걸친 발품의 여정에서 필자는 가급적 역사적 연관과 이면을 보려 했다. 또한 단순한 관찰자적 관람객에서 비켜서서 역사적 공간과 문화 속에서 이편을 투영해보고, 오늘의 세상을 대입해보려고도 했다. 하나의 공간을 거쳐 또 하나의 공간으로 이동하는 동안 마치 밀물과 썰물이 교차하는 듯한 잔잔한 침윤의 감동과 담담한 즐거움을 맛볼 수 있었다. 한편으로 하나의 밀알만큼이나 작은 존재를 의식하며 내 스스로의 부족함과 미흡함을 깨닫기도 했다.

책을 내면서 고마운 이들이 많다. 출간을 준비하는 일련의 과정에서 와이프와 아들 정민이와 함께하지 못한 시간이 너무 많았다. 기꺼이 희생을 감내했던 가족에게 고마움을 전한다. 또한 기행에 동행하며 사진을 찍었던 박성배 사진작가와 최현배 가자에게 고마움을 표한다. 무엇보다 광주일보 문화전문매거진『예향』에 남다른 관심과 지원을 아끼지 않았던 김여송 사장님과 광주일보 식구들에게도 감사를 전한다. 지속적으로 문화잡지를 발간하기 어려운 시대이지만 문화예술에 대한 열정과 관심이 있었기에 이 책이 나올 수 있었다. 아울러 책을 출간해주신 제이엔씨 윤석현 대표님과 편집을 담당한 안지윤 과장님께도 거듭 감사를 표한다.

2017년 6월. 빛고을에서 저자 박성천

목차

Chapter 1	다산초당	8
Chapter 2	해남 녹우당과 보길도 세연정	19
Chapter 3	김삿갓 시혼 깃든 화순 동복	32
Chapter 4	부안 매창공원과 채석강	39
Chapter 5	충주 탄금대	48
Chapter 6	충남 서산 해미읍성	59
Chapter 7	정읍 동학농민혁명 유적지	68
Chapter 8	부여 낙화암	79
Chapter 9	김제 아리랑문학마을	86
Chapter 10	고흥 소록도	93
Chapter 11	곡성 압록	100
Chapter 12	담양 소쇄원	107
Chapter 13	강진 시문학파기념관	112
Chapter 14	강진 하멜촌	119
Chapter 15	담양 금성산성	126

Chapter 16	담양 죽녹원	132
Chapter 17	장성 백양사	140
Chapter 18	장성 필암서원	145
Chapter 19	목포 유달산	150
Chapter 20	광주 박용철시인 생가	156
Chapter 21	완도 장도	161
Chapter 22	고창 미당시문학관	167
Chapter 23	광주 월봉서원	174
Chapter 24	순천 드라마세트장	179
Chapter 25	군산 근대문화거리	185
Chapter 26	장성 금곡영화마을	191
Chapter 27	책 읽는 마을 파주출판단지	196
Chapter 28	안동 하회마을	205
Chapter 29	화순 조광조 유배지	210
Chapter 30	나주 남평역과 드들강	216

Chapter 1
다산초당

"우리는 폐족(廢族)"이다
"폐족이 글을 읽지 않고 몸을 바르게 행하지
 않는다면 어찌 사람 구실을 하랴"
"폐족이라 벼슬은 못하지만 성인(聖人)이야
 되지 못하겠느냐, 문장가가 되지 못하겠느냐?"*

다산 초당 가는 길, 그 편지를 생각한다. 정약용 (1762~1836)이 유배지 강진에서 아들들에게 보냈던 편지를…. 다산은 스스로를 폐족이라 칭했다. 그는 정조의 총애를 받던 조선 최고의 실학자였다.

사진 / 박성배

그러나 시운은 그를 용납하지 않았다. 정조 죽음 이후 가해진 천주교 박해와 보수적인 노론 벽파의 정치 지형은 그의 일가를 사지로 내몰았다. 그 자신도 변방의 궁벽한 시골로 유폐되는 멸문지화의 운명에 처해졌다. 폐족이라는 단어 앞에서, 한동안 가슴이 먹먹했다. 폐족, 누구인들 예외일 수 있겠는가. 한번쯤 나락으로 떨어져 본 적이 있는 이들은 안다. 빈한의 시간을 견뎌야 하는 일의 무참함과 허허로움과 아득함을. 그 아슬아슬한 벼랑의 단애에 선 듯한 격절의 외로움을 말이다. 그 폐족이라는 말이 한동안 회자된 적이 있다. 어느 정치인은 '우리는 폐족입니다'라는 글을 홈페이지에 올렸다. 그는 다산 정약용이 칭했던 '폐족'을 차용했다. 그러나 동일한 언어도 누가 지칭하느냐에 따라 품격이 달라진다. 근본이 바로 선 이들의 추상같은 수사와 집권이 목표인 정치인의 수사는 질적으로 다르다.

그러므로 진정으로 스스로를 폐족이라 여기는 이들에게 다산초당은 낙원으로 표상된다. 이때의 다산초당은 정약용만의 낙원이 아니다. 강진만의 낙원도 아니다. 곡절의 삶을 살아야 했던 이들의 낙원이며 부표 같은 흔들리는 생을 살아야 하는 우리들의 낙원이기도 하다. 하여 이곳에서 우리는 낙원과 그 너머의 자유를 희원한다. 유배되었으되 속박되지 않고 배척되었으나 갇히지 않으며 핍절의 상황에도 자족할 수 있는 도량을 본다.

강진은, 오래 전 유홍준 교수의 『나의 문화유산답사기』(1993)에 소개된 후 '남도답사 1번지'가 되었다. 강진으로 떠나는 이들은 이제 모두 다산초당으로 간다. 그러나 기억하자. 그곳은 찻집이 아니다. 근사한 누각도 아니다. 유배의 아픔이, 폐족의 슬픔이, 벼슬에 나아가지 못하는 격절의 고통이 배어 있는 삶의 학습장이다.

CHAPTER 1   다산초당 · 09

'마음의 감옥'에서 피워낸 조선의 르네상스

정약용의 발자취는 귤동마을에서 시작된다. 마을은 소담하고 아늑하다. 작은 둥지 같은 마을이다. 설마 이곳이 유배지였을까, 라는 생각마저 갖게 한다. 그러나, 다산이 처음 이곳에 왔을 때 마을 사람들의 시선은 차가웠다. 당시만 해도 유배 온 사람은 큰 독소(大毒)로 치부되었다. 유일하게 동문 밖의 주막집 노파가 다산을 가련히 여겨 방을 하나 내주었다. 노파는 첫눈에도 그가 보통의 선비가 아니라는 것을 알았다. 다산은 노파가 건네는 탁주 한 사발을 마시며 속으로 곡읍했을 거다.

노파의 혜안은 후일 다산이 『목민심서』, 『흠흠신서』 등 500여권의 책을 기술하고 조선 후기 실학사상을 집대성하는데 밑바탕이 되었다. 행색으로, 지위로, 가진 것으로, 처한 상황으로 사람을 괄시해서는 안 될 이유를 그 노파의 혜안은 증명한다. 노파의 측은지심이 바로 애민 사상이다. 바로 다산이 펼치고 설파하고자 했던 사유의 근원이다. 사랑은 멀리 있거나 지극히 고상한 그 무엇이 아니다. 넘어진 자, 뒤처진 자, 빼앗긴 자, 잃어버린 자에 대한 작은 손짓이 구휼이며 소통이다.

정약용은 노파가 내준 방을 사의재(四宜齋)로 명명하고 자신을 가뒀다. 마음의 감옥. 다산은 그 방에서 조선을 품고 백성을 품고 우주를 품었다. '생각은 맑게, 용모는 단정하게, 말은 과묵하게, 행동은 진중하게!' 네 가지 마땅히 지켜야 할 도리를 화두 삼아 다산은 정진했다.

다산초당으로 향한다. 완만한 곡선의 길은 수백 년 된 소나무의 뿌리로 가득하다. 길은 살아서 꿈틀거린다. 아니 출렁인다는 느낌이 든다. 그러나 자세히 들어보면 길은 작은 바람에도 울며 솟구친다. 작은 발자국 소리에도 귀를 세우며 흔들린다. 길이 뿌리가 되고 뿌리가 길이 되는 기막힌 변환의 역설! 일명 '뿌리의 길'로 명명된 이 길은 다산의 고뇌와 민초의 분노가 얽힌 길이다. 그 길에서 곡진한 삶을 살아야 했던 이들의 내면 가득 움트는 단단한 뼈를 본다. 성성한 대나무와 꼿꼿한 삼나무와 굴곡의 소나무를 보면서 "길은 길에 연하여 끝이 없으므로"라는 프로스트의 '가지 않는 길'이 떠오르는 것은 지나친 비약일까.

다산은 다시 한양으로 돌아갈 수 없다는 것을 모르지 않았다. 그가 선택할 수 있는 길은 '뿌리의 길' 외에는 없었다. 그는 이곳에서 백성에게로 향하는, 낮은 곳으로 향하는 길을 선택한 거였다. 그는 스스로 뿌리가 되고, 길이 되었다.

차 달이는 부뚜막 '다조'에서 다산의 흔적을 찾는다. 약천의 물을 받아 솔방울로 숯불을 피워 찻물을 만들었을 그를 떠올린다. 차를 끓이며 생각을 정리하고 아들들에게 보낼 편지를 구상했을, 한 인간으로서의 소탈한 모습을 가늠해

본다. 어쩌면 다산(茶山)이 가장 다산다울 때는 이 자리에서 찻물을 우려낼 때가 아닌가 싶다.

그와 달리 동암은 많은 담론이 펼쳐진 장이다. 정치, 경제, 철학, 역사, 문학, 의학 등 다방면에 걸쳐 토론이 이뤄지고 학문이 교류되었다. 다산은 이곳에 2000여 권의 책을 갖추고 손님을 맞았다. 흔히 말하는 다산초당은 동암을 말한다. 1801년 이곳으로 유배된 정약용은 18년의 유배생활 중 11년을 이곳에서 기거하며 방대한 실학체계를 구상하고 완성했다. 막힘없이 흘러가는 강물처럼 그의 사유는 수시로 텍스트의 경계를 넘었다. 한마디로 그는 '조선의 레오나르도다빈치'였다. 동암은 원래 작은 초가집이었지만 1957년 보존회가 기와를 얹었다.

천일각에서 꿈꾸는 자유의 길

하늘 끝 한 모퉁이. 천일각에서 저 멀리 강진만을 바라본다. 해안을 배경으로 펼쳐진 바둑판의 정경이 이채롭다. 옅은 안개 너머 저편의 바다가 숨을 쉰다. 산과 논과 밭이 숨을 쉰다. 불어오는 바람에 봄향기가 스며있다.

이곳에서 다산은 흑산도에 유배된 형 약전(1758~1816)을 떠올렸을 것이다. 약전은 학문의 동료이자 멘토였다. 그는 천주교에 입교한 후 신유박해 때 흑산도로 유배되었다. 그곳에서 생을 마칠 때까지 『자산어보』라는 해양생물학 백과사전을 완성했다. 유배가, 그에게는 내적인 도약의 발판이 되었다.

그도 동생 약용처럼 시대와 불화했다. 정확히는 주류적 가치와 불화했고 외적인 표상에 무관심했다. 불화와 무관심은 자기세계를 걸어가야 하는 이들에게는 필연적으로 요구되는 코드다. 그 코드를 버리고 안 버리고는 전적으로 자신에게 달려 있다.

시대 탓으로, 시운 탓으로 돌리지 마라! 선인들은 가르침은 간단하다. 그럼에도, 나산은 시극히 감성적인 성정을 지닌 인간이었다. 학자이기 전에 한 여자의 지아비였고 어린 자식들의 아버지였다.
정조의 두터운 신임을 받을 만큼 학식이 뛰어나고 명문가 출신이었지만 내면은 여렸다. 대부분의 사람들은 그를 학자로 생각하지만 엄밀히 보면 예술가에 가깝다. 그가 쓴 시들은 다분히 서정적이다.

"누리령 잿마루에 바위가 우뚝한데
 길손이 눈물 뿌려 사시사철 젖어 있다
 월남을 향하여 월출산을 보지 마소
 봉마다 모두가 도봉산 모양이라네"   〈탐진촌요 中〉

바다에 비치는 해의 잔광은 부드럽고 소소하다. 바다는 내밀한 비밀을 담고 있다. 삶은 그다지 거창하지도 아름답지도 않은, 어쩌면 정밀한 수면위에 뜬 작은 조각배에 지나지 않은 것인지 모른다. 유배지에 와보면 메이저와 마이너, 주류와 비주류, 정규와 비정규의 경계는 의미가 없다. 한 인간의 생애를 기억하게 하는 것은 지극히 사소한 것들이다.
몇 번인가 이곳에 온 적이 있다. 내게도 결코 녹록치 않은 '유배의 시간'이 있었다. 세상 모든 연으로부터 단절되어버린 듯한 격절감에 몸서리 친 적이 있다. 이곳에서 먼 바다를 바라보며 유배의 아픔을 다스렸을 다산의 마음을 헤아리곤 했다. 살다 보면 누구나 유배의 시간이 있기 마련이다. 극한의 어려움 속에서도 학문의 꽃을 피웠던 다산의 생이 아름다운 건 외부의 속박을 내면의 자유로 승화했기 때문일지 모른다.
천일각에서 백련사로 이어지는 길을 내려가며, 나는 동행한 아내와 아들에게 속으로 말한다. 언젠가 또 '유배'의 기회가 온다면 그때는 소풍가는 기분으로 가겠노라고. 오솔길을 걸으며 아내는 풍경에 취해 콧노래를 부른다. 새근새근 잠이 든 아들은 꿈을 꾸는지 빙긋이 미소를 짓는다.

사진으로 보는 문화역사기행

사진으로 보는 문화역사기행

Chapter 2
해남 녹우당과 보길도 세연정

사진 / 박성배

1637년 1월 어느 날, 고산(孤山) 윤선도는 제주도로 향하는 목선에 몸을 맡겼다. 마음이 무거웠다. 억누를 수 없는 수치감이 치밀어 올랐고 자존이 무너져 내렸다. 병자호란의 병화가 조선을 휩쓸던 무렵이었다. 고산의 뇌리에 지난 며칠간의 전황이 깊숙이 파고들었다. 인조대왕이 강화도로 피난을 떠났다는 소문을 들었던 때가 수일 전이었다. 윤선도는 가복(家僕) 수백 명과 강화도로 향했다. 충성이 국시인 조선의 신하로, 임금의 안위는 명백한 존재 이유였다.

그러나 이내 강화도가 함락되었다는 소식이 들려왔다. 별 수 없이 남한산성으로 방향을 틀었다. 얼마 지나지 않아 이번에는 왕이 환도했고, 청나라에 항복했다는 소문이 돌았다. 정쟁에 사로잡혀 날밤을 새던 조정의 무력함이 백일하에 드러나는 순간이었다. 욕되고, 욕되고, 욕되도다! 당시 조정은 최명길을 주축으로 한 주화론자와 김상헌을 위시한 척화론자로 갈려 격렬하게 논쟁을 벌였다. 그들은 자신들의 주장이 종묘사직을 지키는 유일한 방도라고 핏대를 세웠다.

목전에까지 청의 군대가 진입해 들어왔어도 그들은 주장을 꺾지 않았다. 인조는 한강변에 마련된 수항단에 나가 청태종에게 무릎을 꿇었다. 인조는 세 번 절하고 그때마다 이마를 땅에다 찧었다.
윤선도는 강화에서 곧장 뱃머리를 돌려 제주도로 향하였다. 일엽편주. 심란한 그의 마음을 아는지 연일 폭우가 내렸다. 장대비가 거칠게 뱃머리를 때렸다. 햇볕은 보이지 않았고 폭우 너머는 암연의 세계였다. 삶과 죽음은 아무런 의미가 없어 보였다. 얼마쯤 지났을까. 거친 파도 너머로 포구가 보였다. 돛배는 운명처럼 포구의 아늑한 품속으로 빨려 들어갔다. 황원포. 그렇게 윤선도는 보길도 첫머리에 닿았다.

청년기 시절의 삽화가 깃든 녹우당

해남, 녹우당에 봄볕이 든다. 푸르름이 대지를 덮어 생명의 기운이 움튼다. 다투듯 잎을 틔운 나무들의 가쁜 숨소리가 느껴진다. 바람이 불면 금방이라도 푸른 비가 흘러내릴 것 같다. 녹우에 온몸이 푸르게 물들어버릴 것 같다. 고택 어디쯤에 여전히 고산이 살고 있을지 모른다. 적어도 그의 유혼은 이곳에 머물고 있지 않을까. 이토록 아름답고 수려한 처소에 그가 없을 리 없다. 그는 자연의 서정을 노래한, 완벽하게 시를 가지고 놀던, 조선 제일의 시인이 아니던가.
녹우당은 해남윤씨 고택을 상징한다. 종택의 사랑채는 윤선도가 수원에 살 때 봉림대군의 스승이었던 인연을 계기로 효종이 하사했다. 1668(현종9)년 집의 일부를 헐어 이곳에까지 옮겨와 이축했다. 겹처마는 당시 궁궐의 회랑을 본 뜬 것으로 해남 윤씨의 자부심을 의미한다. 사랑채에 걸린 '녹우당(綠雨堂)' 현판은 윤두서(윤선도의 증손자)의 친구 옥동 이서의 친필이다.

완도 보길도가 유배의 쓸쓸함과 유유자적의 홀가분함이라는 상반된 정서가 응축된 곳이라면 녹우당(綠雨堂)은 윤선도의 청년기 시절의 삽화가 희미하게 드리워진 곳이다. 윤선도의 해남과의 조우는 청년시절로 거슬러 올라간다. 22세 때 어머니의 죽음 이후, 그는 처음으로 이곳을 방문한다. 3년 상을 치르고 조상의 묘를 성묘하고 선대들의 발자취를 더듬어보자는 심사였다. 청년 윤선도에게 해남행은 남다른 감회로 다가온다.

그는 이름을 떨치고 가문을 빛내고 싶었다. 물적, 학문적, 정치적 토대를 마련해 준 선대들의 유택을 받들어야 했다.

많은 이들의 예상과 달리, 윤선도는 해남에서 태어나지 않았다. 문헌에 따르면 1587년(선조20년) 6월 22일 지금의 종로구 연지동인 연화방에서 출생했다. 전형적인 서울 토박이다. 그의 유년에 대한 기록은 문헌에 별로 남아 있지 않다. 오늘날처럼 "공부 잘하고 성실했다"는 식의 평이 대부분이다. 29세에 친부의 상을 치르고 세상 밖으로 나오기까지 그는 있는 듯 없는 듯 살았다. 출사와 시에 대한 열망을 가슴 깊숙이 담아둔 채 말이다.

서른이 되면서 그는 중앙 정계에 진출한다. 이립(而立). 바야흐로 서른 잔치가 시작되었다. 그러나 뜻을 세운다는 것은 다른 뜻을 물리친다는 의미를 먼저 상정한다. 중앙 무대는 그리 녹록치 않았다.

20세에 과거에 합격한 후 대부분의 시간을 부모 상을 치르고 집안일을 챙기는 데 보냈던 터라 그에게는 정치적 감각이 없었다.

윤선도는 자신과 뜻을 달리하는 이들과 수시로 척이 졌다. 가혹한 언사를 마다하지 않았다. 그는 강직했으며 추호의 타협을 허락하지 않았다. 반대파였던 서인 송시열과의 격렬한 예송논쟁(서인과 남인 사이에 벌어졌던 상복(喪服)을 둘러싼 예법 논란)은 두고두고 그의 발목을 잡았다. 윤선도는 한때 봉림대군, 인평대군 사부로 발탁되기도 했지만, 그를 둘러싼 정치적 지형은 결코 우호적이지 않았다. 병자호란 이후 임금을 호종하지 않았다는 죄목은 다시 정계에 나선 그의 앞길을 막아버린다. 탄핵과 유배가 그를 무너뜨렸다. 어쩌면 그의 내면은 자유와 족쇄로 대변되는 길항의 지점에 놓여 있었는지 모른다. 유배와 해배가 반복되는 삶이 이어졌다. 윤선도는 불우했다. 시대와 불우했고 세상과 불우했으며 자기 자신과 불우했다. 그러나 불우하기에 불행하다고 느끼지 않았다. 그의 내면은 자유로웠다.

그에게는 예(藝)가 있었다. 시가 있었다. 악(樂)이 있었다. 해남에서, 보길도에서, 그는 가야금을 탔고, 그림을 그렸고, 시를 읊었다. 정적들이여! 그대들이 일신을 억압할 수 있어도 내 영혼까지는 가두지 못하리.

유물전시관 내부를 둘러보며 윤선도의 생을 가늠해본다. 그의 사상과 사유와 족적은 박제되지 않았다. 종택의 유물과 고서, 고산유금 등 4600여 점은 그의 얼이 살아있음을, 눈부신 푸르름으로 반증한다.

보길도에서 꿈꾼 '고산의 제국'과 이상

보길도로 향하는 철부선 뱃머리에 앉아 윤선도를 생각한다. 1637년 인조의 굴욕적인 항복으로 보길도를 찾게 된 윤선도의 심회가 전해온다. 악에 짓밟힌 조선의 운명 앞에 그는 절망했다. 윤선도는 황망하고 무참한 현실에서 벗어나고 싶었다. 은거 외에는 달리 방도가 없었다.

기관소리가 요란하다. 푸른 바람이 불어오고 포말은 잔잔하다. 항적을 남기지 않는 무언의 바다는 쓸쓸하다. 우리의 생도 그렇다. 잘났거나 못났거나 으스댈 일이 아님을 바다에 나와 보면 안다. 바다에 뜬 부표와 무엇이 다르랴. 밀려오고 밀려가는 세파의 격랑에서, 한조각 조각배로도 남지 못함을 바다는 저렇듯 에둘러 이른다. 보길도는 윤선도에게 섬이 아니었다. 치욕을 견디게 하는 가없는 절경이었다. 아름다웠다. 더는 세상 밖으로 나가지 않으리. 나는 조선의 선비가 아니던가. 조정의 모리배들과 두 번 다시 말을 섞지 않을 것이다. 고산은 단단히 되뇌었다.

그러고 보면 유배 아닌 삶이 없고 유배 아닌 역사가 없다. 이제, 세상의 유배를 당하지 않기 위해 스스로 유배를 당해야 한다. 세상의 속도에 반하는 유배, 세상의 가치에 반하는 유배, 세상의 물질에 반하는 유배, 그리하여 나를 철저하게 죽이고 다스리는 유배! 유배! 유배!

새단장을 한 부용동원림은 다투어 핀 봄꽃으로 화려하다. 이곳은 신선의 정원이다. 자연미를 능가하는 인공미를 본다. 자연 미를 살리는 정치하고 수려한 조경이다. 세연지는 부용동 격자봉에서 내려오는 물을 막아 조성된 작은 연못이다. 물, 바위, 송죽을 거느린 정자(세연정)가 이채롭다.

윤선도는 이곳에서 시를 가지고 놀았다. 자유자재로 다루고, 매치고, 끌어내고 흥을 불어넣었다. '어부사시사'는 윤선도의 천재성이 빛나는 걸작이다. 지극히 평이한 말도 그를 거치면 감칠맛 나는 언어로 바뀐다. 그의 시조는 물이었다. 유연한 흐름이었다.

앞개에 안개 걷고 뒤산에 해 비친다
배 떠워라 배 떠워라
썰물은 밀려가고 밀물이 밀려온다
지국총 지국총 어사와
강촌의 온갖 꽃이 먼 빛이 더욱 좋다.

〈어부사시사 中〉

윤선도는 보길도를 자신만의 제국이자 이상적 공간으로 상정했다. 자연을 노래함으로 인위를 배격하고 중앙의 정계를 능멸했다. 그러나 무관심과 냉소의 이면에 드리운 그림자는 정치의 환멸을 넘어 문득문득 재기의 열망으로 읽힌다.

"윤선도가 남긴 '산중신곡'과 '어부사시사'는 고전시가사, 아니 한글문학사의 보배 중의 보배에요. 두 작품만으로도 그의 생애

는 충분히 빛나고, 해남과 보길도는 탐사할 가치가 있다고 봅니다."
고전평론가 고미숙 씨는 전화 인터뷰에서 "윤선도의 생은 극적인 양면성이 표현된 한 편의 드라마"라고 말한다. 그녀는 시인으로서의 고산과 정치인으로서의 고산을 엄격히 분리한다. 삶은 삶이고 시조는 시조일 뿐이란다. "윤선도는 해남과 보길도에서 화려한 부를 누리고 살면서도 정치적으로 풀리지 않았어요. 대부분 물질적으로 풍족하면 만족하기 마련인데도 그는 끊임없이 중앙정계에 뜻을 두었던 것 같아요."
강인한 이미지와 내면의 감수성. 극과 극은 통한다던가. 세상을 향한 엄결한 투지가 있었기에 유연한 리듬과 고아한 언어가 싹텄을 거다. 분명 그의 시대는 불우했다. 임진왜란, 병자호란으로 삶은 피폐했으며 격화된 당쟁은 잠시도 평온을 허락하지 않았다.
이곳에서 그가 살았던 시대와 지금의 시대가 특별히 다르지 않음을 본다. 보길도는 이미 하나의 작은 세상이면서 이 세상을 뛰어넘는 또 다른 제국이다. 그 제국을 가로질러 썰물은 밀려가고 밀물이 밀려온다.

해남 윤씨 어초은공파 종손 윤형식 옹

"500년에 걸쳐 종택을 비롯한 유산을 지킬 수 있었던 힘은 선비정신입니다."
녹우당 종택에서 만난 윤형식(83·해남윤씨 어초은공파 종손) 옹. 20대째 이곳을 지키고 있는 그에게선 500년 가문을 지키고 있다는 종손의 자부심이 느껴진다. 윤 옹은 고산의 학문적 가훈은 근검절약과 배려라고 강조한다. 종가의 교육이 수신제가에서 비롯된다는 의미다.
"뭐든 이루는 것보다 지키는 게 어렵지요. 세상이치가 그렇습니다. 자신의 대에서야 노력하면 되지만 후손들이 유지를 받들지는 장담할 수 없잖아요."
윤 옹은 40대에 이곳에 들어왔다. 고문서가 방치돼 있을 만큼 체계적인 보존이 필요한 시기였다. 그는 종손으로 선조들의 묘도 정리했다. 종손으로 헌신한 세월을 조금도 후회하지 않는다. 아쉬운 점이 있다면 전통 문화가 세속적으로 변하는 풍조다. 세월 따라 변하는 거야 어쩔 수 없지만 너무 시류에 편승하는 것 같아 안타깝다.
"2012년에 전남대 도서관과 협약을 하고 고서적 데이터베이스화를 진행하고 있어요. 전남대에서 매주 고서를 바꿔가며 체계화 작업에 심혈을 기울이고 있습니다. 하루 빨리 전산 작업이 마무리돼 이곳이 고산의 연구 요람으로 거듭났으면 하는 바람입니다."
그는 광주 서영대 이사장직을 맡아 인생 만년을 바쁘게 살고 있다. '해남 다인회' 멤버이기도 한 그는 차문화를 보급하는데도 앞장서고 있다. 65년부터 지속된 다인회는 국내 차 모임중 가장 오래되었다고 한다.
"어렸을 때부터 조부님이 직접 사당 청소하시는 모습을 봤습니다. 그때부터 제사를 모시는 것이 종가문화의 다는 아니라는 생각이 들었어요. 숭조사상이 중요합니다. 형식이야 변하겠지만 그 근본정신을 망각한다면 유물전시관을 짓는다 한들 무슨 소용이 있을까요."

Chapter 3

김삿갓 시혼 깃든 화순 동복

사진 / 박성배

광주에서 화순 동복(同福)은 승용차로 30분 남짓 거리다. 화순읍에서 22번 국도를 타고 완만한 구릉지인 동면을 따라 내달린다. 소담한 능선 너머로 진초록의 세상이 열리고 올망졸망한 봉우리는 품을 슬며시 열어젖힌다. 구암 삼거리에서 15번 국도를 타고 이어지는 순한 연봉은 다함없이 푸르고 단아하다. 동복은 그런 곳이다. 맑고 푸른 기운이 넘친다. 푸른 물이 뚝뚝 떨어질 것 같은 푸른 세상이다. 예로부터 동복에는 세 가지 복, 삼복(三福)이 있다고 했다. 복삼(福蔘), 복청(福淸), 복천어(福川漁). 인삼, 꿀, 민물고기를 이르는 말이다.

삼복의 근원은 맑음과 푸르름이다. 모후산이 낳고 모후산이 길렀다. 말 그대로 모후산은 어머니의 산이다. 베풀고, 베풀고, 또 베푸는 어머니의 품이다. 어머니의 마음이며, 어머니의 사랑이다. 동복 가는 길에서, 한번쯤 모후산을 바라보며 생각해야 한다. 나는 어머니에게 무엇을 베풀었던 가를. 우리 모두는 어머니의 눈물이자 헌신이었음을 기억해야 한다.

90년대 이전만 해도 인삼, 꿀, 민물고기는 이 지역의 명물이었다. 맑은 물과 푸른 산세가 베푼 동복의 자랑이었다. 지금도 약초꾼은 삼을 캐고 일부 주민들은 벌을 친다. 민물고기 매운탕을 주메뉴로 성업 중인 식당도 적지 않다. 세월이 흘러 예전의 명성은 흐릿해졌지만 그 시절을 기억하는 이들에게는 아련한 추억이다.

시인묵객들이 즐겨 찾았던 시심의 발원지

동복에는 또다른 복이 있다. 이름하여 '시복(詩福)'이다. 동복은 예로부터 시인묵객들이 즐겨 찾던 고장이었다. 산자수명의 절경은 시심의 발원지였다. 대표적인 이가 조선 후기 문인 김삿갓 (1807~1863)이다.

김삿갓. 그는 상상속의 인물이 아니다. 현존하는 역사적 인물이다. 그의 시혼은 지금도 동복의 어느 곳을 떠돌고 있을지 모른다. 바랑 하나 짊어지고 도포자락 휘날리며 적벽 부근을 걷고 있을지 모른다. 사람들은 '삿갓 립(笠)'자를 써서 김립(金笠)이라고도 불렀지만, 그는 김삿갓으로 불릴 때 온전히 그가 된다.

김삿갓의 본명은 김병연이다. 1807년(순조7년) 경기도 양주 출생으로 본관은 안동이다. 호는 난고(蘭皐)다. 난초가 우거진 언덕이라는 뜻으로 이미 녹록치 않은 삶이 그 안에 드리워져 있다. 그는 길 위의 삶을 살았고, 길 위에서 삶을 마감했다.

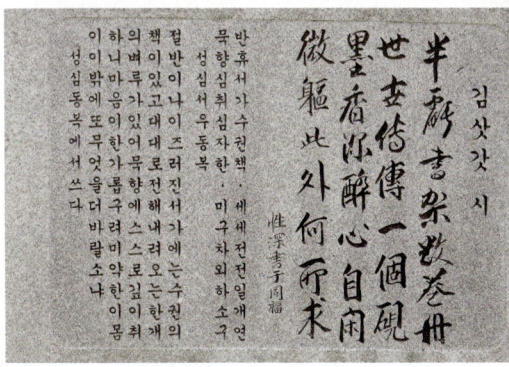

모든 길이 거처였으며 본향이었다. 김삿갓은 명문가의 자제였다. 조선 후기 세도가였던 안동 김씨 가문의 자손이었다. 그럼에도 그는 스무 살 무렵에 방랑길에 올라 시대의 들녘을 떠돌았다. 그것도 챙이 넓은 삿갓을 쓰고서.

타고난 역마 때문이 아니라 세상의 추함과 부조리가 그를 낭인으로 이끌었다. 한곳에 정주하기에 그 앞에 펼쳐진 현실은 너무도 가혹하고 비정했다. 버려야만 취할 수 있는 역설의 진리 앞에 그는 사무치게 외로웠고 아팠을 것이다.

1811년(순조 11년) 평안도에서 홍경래 난이 일어난다. 김삿갓의 인생을 뿌리째 흔들어버린 사건이다. 선천부사였던 조부 김익순은 홍경래난이 일어나자 반군에 투항하고 역모까지 가담한다. 난이 수습되고 김익순은 참형에 처해진다. 멸족의 화를 면하기 위해, 김병연의 아버지는 식솔을 이끌고 이곳저곳을 옮겨 다닌다. 그러나 얼마 후 아버지는 화병으로 죽고 김병연은 어머니와 함께 강원도 영월로 숨어든다.

김병연은 어렸을 때부터 시재가 뛰어났다. 멸문의 자제였기에 그의 내면엔 출사에 대한 열망이 가득했다. 스무 살 되던 해 '역적 김익순의 죄를 통탄하는 글'로 장원을 한다. 멸족을 피해 숨어 살아야했던 그는 조부의 존재에 대해 소상히 알지 못했다. 후일 어머니로부터 조부의 이야기를 듣고 피를 토할 만큼 큰 충격을 받는다.

생의 아이러니다. 김병연은 김익순이 자신의 할아버지일 거라고는 꿈에도 생각하지 못했다. 그는 자신의 눈을 찌르고 손을 자르고 싶었다. 살다보면 자신과는 무관할 것 같은 일이 일어나기도 한다. 그 또한 삶의 일부분이다. 받아들이고 받아들이지 않고는 각자의 몫이다.

"흐르는 물 뜬구름처럼 사방이 내집이네"

동복 구암리 김삿갓 공원에 하오의 햇볕이 쏟아진다. 찌르라미, 풀벌레 소리 가득하고 마을은 고즈넉하다. '懷鄕自歎(회향자탄)'. 고향을 그리워하며 스스로 탄식하다는 표지석이 김손을 맞는다. 바로 옆으로는 김삿갓의 동상이 서 있다. 대나무지팡이를 들고 한손에는 부채를 든 모습이 예사롭지 않다. 충효의 어떤 길도 갈 수 없었던 그의 심사가 고스란히 전해져온다.

"새와 짐승들도 제 집이 있는데
나의 한평생 돌이켜보니 슬프네
짚신에 대지팡이로 떠도는 천리길
흐르는 물 뜬구름처럼 사방이 내집이네
남을 탓함도 옳지 않고 하늘도 원망키 어려우니
세모의 슬픈 감회 창자가 끊기려 하네"
〈난고 평생시 中〉

일설에 그는 방랑길을 떠나기 전 큼지막한 삿갓과 지팡이, 동국여지승람을 챙겼다고 한다. 방랑은 단순한 일탈이 아니었다. 패륜을 지우는 고결한 자해행위였다. 그에게 세상은 잠시 머무르다 떠나는 처소에 지나지 않았고, 삶 또한 고상하거나 격조 있는 그 무엇이 아니었다. 보이지 않는 역모와 전쟁이 수시로 일어나는 가혹한 전장이었다.

50이 넘어, 김삿갓은 전라도로 들어온다. 화순 동복 일대엔 유난히 그의 흔적이 많다. 말년에 그가 남도로 들어오게 된 연유를 나는 알지 못한다. 다만 모후산과 적벽 일대의 풍광이 강원도 영월 산세와 흡사하기 때문이라는 말이 있다. 어쩌면 수구초심과 같은 이치가 아니었을까, 라는 추측을 해볼 따름이다.

김삿갓은 동복 일대를 그렇게 마음의 고향으로 상정했다. 청정의 산세와 지순한 풍취에서 고향의 안락을 느꼈다. 더욱이 모후산은 세상의 비루함을 씻어내는 정갈한 산이 아니던가. 무엇이든 받아들이고, 다독이며, 피워내는 어머니의 산. 높음도, 낮음도, 귀함도, 천함도 모두모두 담아내고, 모두모두 키워내는 덕의 산 말이다.

김삿갓은 그렇게 남도 일대를 유랑하며 시를 지었다. 그의 시는 충효 어떤 것도 받들지 못했던 그만의 참회록이었다. 세상을 버려야만 비로소 설 수 있는 자기만의 고백이었다.

1863년 3월 29일, 김삿갓은 구암리 정시룡의 사랑채에서 숨을 거둔다. 동편 동뫼에 초장한지 3년 만에 그의 아들이 영월군 하동면 와석리(노루목)에 이장했다. 그가 마지막 숨을 거둔 사랑채는 지금도 그대로 남아 있다.

방랑시인의 영혼의 거처 '화순 적벽'

하오의 해가 서서히 기울고 있다. 적벽을 보고 싶은 마음에 서둘러 발걸음을 옮긴다. 화순 동복천 상류에는 노루목 적벽, 몰염 적벽, 이서 적벽 등 크고 작은 적벽이 많다. 적벽이라는 명칭은 1519년 기묘사화 후 동복에 유배를 왔던 최산두가 이곳의 풍경을 보고 중국의 적벽에 버금간다 하여 붙여졌다. 이곳의 적벽은 하나같이 전통의 수묵화를 닮았다. 백아산에서 발원한 동복천이 항아리 형상의 옹성산을 휘돌아 나오면서 수려한 그림을 그려놓았다.

김삿갓은 호남팔경의 하나로 꼽히는 적벽을 좋아했다. 더러 그는 봇짐에서 지필묵을 꺼내 일필휘지로 시를 써내려가곤 했다. 가슴에서 발원한 시심은 뇌리를 타고 애달픈 시어로 쏟아졌다. 한손으로 슬며시 삿갓을 들고 시상을 떠올렸을 그의 모습이 그려진다. 동가식서가숙하던 그도 이곳이 영혼의 거처라고 생각했을지 모른다.

그러나 아쉽게도 동복호가 생긴 후로 화순 적벽 상당부분이 물에 잠겼다. 완만한 산세와 정밀한 풍광이 한때의 영화를 말해줄 뿐이다. 그가 걸었을 이 길을 되짚어가며, 생각한다. 우리는 다만 광야와 같은 이 세상에 잠시 머물다 떠나는 나그네에 지나지 않음을 말이다. 저마다의 머리에 씌워진 허명과 탐욕과 교만의 삿갓을 벗어버리는 날, 어쩌면 우리도 신선이 될 수 있을지 모른다.

국문학자 이응수는 김삿갓을 "19세기 미국의 월트 휘트먼에 비견되는 세계 시단의 변혁가"로 평한다. 문학사의 관점 또한 이와 별반 다르지 않다. 김삿갓이 엘리트 문학인 한시를 독특한 서민 양식으로 구현해냈다는 거다. 일평생 세속적 명리를 좇는 것에 거리를 두었던 김삿갓은 죽어 신선이 되었다. 아니 시선(詩仙)이 되었다. 사무치는 한과 그리움이 많았을 터인데도, 그는 늘 자족했다. 머리 둘 곳 하나 없었으나, 세상천지가 그의 거처였다.

"네다리 소나무 소반에 죽 한 그릇
하늘과 구름이 그 속에서 배회하네
주인이여 조금도 무안해하지 마시게
나는 청산이 거꾸로 비치는 것을 좋아하노니"

〈죽 한그릇〉

물염정(勿染亭)

물염정은 물염 송정순이 건립했다. 그는 조선 중종(1506~1544)과 명종(1545~1567) 때 성균관전적, 구례·풍기군수를 역임했다. 그의 호를 따서 물염정(勿染亭)이라 하였다. '물염(勿染)'은 세상에 물들지 않고 속됨 없이 살겠다는 뜻이다. 정자는 정면 3칸·측면 3칸 규모의 팔작지붕 건물로 내부에 조선의 선비인 김인후, 이식, 권필, 김창협, 김창흡이 남긴 시문 등 20개가 넘는 현판이 걸려 있다. 김삿갓은 동복에 거주하면서 곧잘 물염정에 올라 시를 읊었다. 세상에 물들지 않고 티끌없이 살겠다는 의지를 벽벽이 되새겼을 듯 싶다. 정자 근처에 김삿갓의 동상과 7폭의 시비가 조성되어 있다. 한편 물염정은 광주 전남 8대 정자중 1호로 지정될 만큼 풍광이 뛰어나다.

Chapter 4

부안 매창공원과 채석강

사진 / 박성배

매창(梅窓)을 아는가? 아니 계생을 아는가? 그렇다면 부안 출신 여류문인 매창을 아는가? 매창과 계생은 동일인이다. 매창은 호고, 계생은 이름이다.

매창을 안다면 당신은 고전문학에 관심이 있거나, 조선시대의 신분제도와 여류 문인에 대한 남다른 식견이 있다 하겠다. 혹여 매창이 누구인지 모르는 이도 다음 시를 읽고 나면 그제야 고개를 끄덕일 것이다.

"이화우 흩뿌릴 제 울며 잡고 이별한 님
추풍낙엽에 저도 나를 생각하는가
천리에 외로운 꿈만 오락가락 하노매"
〈이화우 흩뿌릴 제〉

위 시의 지은이가 바로 매창(1573~1610)이다. 매창은 황진이와 함께 조선의 '기생문학'을 꽃피운 대표적인 여류문인이다. 일반적으로 사람들은 조선의 기생문인으로 개성 출신 황진이를 첫손에 꼽는다.

그러나 '이화우 흩뿌릴 제'라는 시를 접한 이들은 부안 출신의 매창을 앞자리에 거론한다. 시가 내재하고 있는 깊은 서정성과 사랑이라는 테마가 기생이라는 신분과 맞물려 묘한 울림을 주기 때문이다. 어찌되었든, 매창의 시 '이화우 흩뿌릴 제'는 그녀를 많은 이들에게 각인시킨 운명의 시가 되고 말았다. 시인에게 대표시가 있다는 것은 크나큰 영광이다. 문인들은 불후의 명작을 남기기 위해 뼈를 깎는 고통을 마다하지 않는다. 역사에 남을 작품을 위해서라면 어떠한 대가도 지불하겠노라, 말하는 이도 있다. 무대에서 마지막 숨을 거두는 것이 영광이라고 말하는 예인들도 적잖은 걸 보면, 작가에게 작품이 지니는 의미가 어떠한지 짐작된다.

예술가에게 작품은 그런 거다. 작가의 분신을 넘어 생명력의 표상으로 읽힌다. 현세의 존재 의미이자, 전생을 증명하는 결과물이다. 그렇다면 매창에게 시는 어떤 의미였을까. 자신의 시가 후대에까지 읽혀지기를 진정으로 바랐을까. 기생문학을 꽃피운 조선의 여류문인이라는 수사를 아무런 주저함 없이 받아들일 수 있을까.

기생문인이라는 단어가 주는 불온함은 그리 간단치 않다. 1887년에 나온 『부안지』에는 매창에 대해 언급한 구절이 나온다. "관비 계생의 시다. 계생은 부안의 유명한 기생으로 호는 매창이다." 사실 관비라는 말은 한 여인의 자존감을 뿌리째 흔드는 호칭이다. 낙인이며 치욕이다. 가혹한 수사이자, 남성위주의 봉건적 산물이기도 하다. 그러므로 수백 년, 아니 수천 년이 흐른 뒤에도 회자될 수밖에 없는 기생의 삶은 슬프고 처연하다.

어쩌면 매창은 기생시인으로 상찬을 받는 것보다 역사에 기록되지 않기를 바랐는지 모른다. 평범한 인간으로, 아무런 장식과 수사가 붙지 않는 자연인으로 남고 싶었는지 모른다. 그녀는 계급적 한계가 강제한 수동적 삶에서 벗어나, 유유히 떠돌고 싶었을 거다.

중인 출신 아버지와 기생 어머니 사이에서 출생

평일 매창공원은 한적하다. 부안군 부안읍 봉덕리 매창공원 안에 그녀의 묘가 있다. 주변으로 펼쳐진 아파트숲과 이웃한 부안문화원만 없다면 공원은 잘 단장된 섬처럼 보인다. 이곳은 작은 숲이다. 반원형으로 조성된 묘지 한 가운데 수수하고 아담한 묘비가 서있다. 1917년 부안군민들의 모임인 부풍시사에서 '명원이매창지묘' 라 새겨진 비석을 세웠다.

이곳에서 사람들은 그녀를 기린다. 해마다 5월이면 매창문화제가 열린단다. 사람들은 그녀의 시와 삶을 이야기하며 애달파한다. 부안문화원 김경성 사무국장은 "전국에 여성의 이름을 딴 공원은 이곳밖에 없다"며 남다른 자부심을 드러낸다. 그럴 만도 하다. 매창이 기생임에도 유림들이 제사를 지낼 정도이고 보면 부안에서 매창의 존재가 어떠한지 이해된다.

후세 사람들이여, 천한 기생이었다고 말하지 마라. 문재는 뛰어난데 천출이었다며 얕보지 마라. 그대들은 단 한번이라도 가슴 속의 연정을 곡진하게 노래한 적 있던가. 나 매창은 이곳에 누워 배꽃 흩날리는 봄밤을 기억하노니, 비록 천한 계집이었을지언정 평생 한 남자만을 연모하며 단심을 간직했던 나의 진정은 곡해하지 말아다오.

매창은 중인 출신 아버지와 기생 어머니 사이에서 태어났다. 어머니는 부안현에 소속된 관비로 추정된다. 조선시대 신분은 전적으로 어머니의 신분을 따르도록 돼 있다. 매창은 태어남과 동시에 벼슬아치들의 장식품적인 삶을 살아야하는 운명과 맞닥뜨려야 했다.

"계생의 자는 천향이다. 스스로 매창이라고 했다. 부안현의 아전 이탕종의 딸이다. 만력 계유년(1573)에 나서 경술년(1610)에 죽었으니, 사망 당시 나이가 서른여덟이었다.

평생토록 노래를 잘했다. 지은 시 수백 편이 그 당시 사람들의 입에 오르내렸지만, 지금은 거의 흩어져 사라졌다. 숭정(崇禎) 후 무신년(1668) 10월에 아전들이 읊으면서 전하던 여러 형태의 시 58수를 구해 개암사에서 목판복으로 간행했다." (『매창집』, 부안문화원, 2010, 하버드대 소장본)

조선시대 기생은 사회적 멸시를 받는 대표적 천출이었다. 봉건 사회인 조선은 500년에 걸쳐 관기라는 제도를 운영했다. 신분이 비천한 여성의 편에서 보면 조선은 참 나쁜 국가다. 무수히 많은 여인들의 눈물과 한을 기반으로 지탱된 전형적인 봉건사회였다. 출생과 함께 규정되는 관기의 삶은, 나약한 여성이 짊어지고 가기에는 가혹한 굴레였다. 그럼에도 그녀는 그 운명의 굴레를 당당히 벗고 세상 밖으로 나왔다. 비록 출사의 장이 양반들의 지적 허영을 위한 여흥의 공간이었다지만, 그녀는 그들보다 더 시를 잘 짓고, 글씨를 잘 썼으며, 난을 잘 쳤다.

조선 후기의 문신 홍만종(1643~1725)은 '소화시평'에서 이렇게 평한다. "근래에 송도의 황진이와 부안의 계생은 그 사조가 문사들과 비교하여 서로 견줄 만하니 참으로 기이하다" 홍만종의 평은 그녀가 범접할 수 없는 자신만의 예술 세계를 구축했음을 의미한다.

단 한 사람의 정인(情人) 유희경

그러나, 불행하게도 매창은 사랑을 이루지는 못한다. 관행과 제도에 얽매인 신분의 강고함은 그녀를 주변인으로만 머물게 했다. 매창이 사랑했던 남자는 촌은(村隱) 유희경(1545~1636)이었다. 유희경은 한시에 능통한 예학의 대가였다. 비록 서자출신이지만 서경덕 문하인 남언경에게 가례를 배웠으며 사대부 상례를 주관할 만큼 예법에 능통했다.

매창이 유희경을 처음 만난 건 그녀 나이 열여덟 살 무렵으로 추정된다. 부안에 들른 서울 선비를 모시게 된 매창은 한눈에 그의 인품과 문재를 알아본다. 그들은 서로 시를 주고받으며 정을 나눈다. 28세라는 나이 차를 넘은 두 사람의 사랑은 요즘말로 하면 그레이로맨스나 롤리타콤플렉스로 가벼이 치부될 수도 있다. 그러나 사랑은 더러 세상의 잣대로는 이해될 수 없는 그 무엇이 아니던가. 얼마 후 유희경은 서울로 떠난다. 유희경이 부안에 얼마나 머물렀는지는 알 수 없다. 다만 만나자 이별이라는 말은 이들에게도 통용되는 별리의 법칙이었을 터다. 그들이 헤어지던 날 배꽃이 허공 가득 흩날렸나 보다. 짧은 만큼 사랑의 감정은 그렇게 깊고 강렬했다.

"그대의 집은 부안에 있고
나의 집은 서울에 있어
그리움 사무쳐도 서로 못 보고
오동나무에 비 뿌릴 젠 애가 끊겨라"   〈매창을 생각하며〉

시에는 매창을 향한 유희경의 절절한 마음이 담겨 있다. 그는 처음으로 '파계'를 단행할 만큼 매창을 깊이 연모했다. 매창의 감정 또한 유희경 못지않았다. 그녀는 평생 정절을 다짐한다. 기생도 사람이다. 엄숙히 말하면 기생이기 전에 한 인간이다.

"애끓는 정 말로는 다 할 수 없어
하룻밤 시름으로 머리카락이 반이나 세었어라
얼마나 괴로운지 그대가 알고 싶거든
금가락지 헐거워진 손가락을 보소"   〈규원〉

그녀는 살이 빠질 만큼 그리움이 깊었다. 아니 금가락지의 두께가 얇아질 만큼 많은 시간이 흘렀을 거다. 그러나, 어찌된 영문인지 두 사람은 쉬이 만날 수 없었다. 시간은 흘러 봄날의 배꽃은 가뭇없이 시들고, 가을의 낙엽이 비처럼 흩날렸다. 이후로 10여 년의 세월이 흘러갔다.
일부 학자들은 이 기간에 임진왜란이 일어났고, 유희경이 의병을 일으켜 참전했기에 매창을 만나지 못한 것으로 해석한다. 어찌됐든 오십대에 접어든 유희경과 이십대 중반의 매창이 전주에서 다시 만나게 된다. 매창이 그를 부안으로 초청해 시를 논하지만, 그러나 유희경은 예전의 님이 아니었다.

배꽃이 새하얗게 떨어지던 날 "울며 잡고 이별했던" 님이라고 하기에 그는 세월의 무력함을 감당할 수 없었다. 매창은 꽃비를 온몸으로 맞으며 이별했던 님이 맞는지 모르겠다며 서운함을 토로한다.

허균과 나눈 플라토닉 러브

매창의 남자가 유희경만 있었던 것은 아니다. 물론 유희경이 단 한 사람 정인(情人)이었던 것만은 분명해 보인다. 그러나 매창은 유희경 외에 다른 많은 선비들과 신분을 넘나드는 문우의 정을 나누었다. 문헌에 따르면 부안 현감이었던 심광세(1577~1624), 홍길동전의 저자인 허균(1569~1618) 등과도 교유했다고 전해진다. 그녀는 더러 이들과 변산반도와 내소사 등을 유람하며 시를 논했고, 교분을 나눴다. 이 시기에 쓴 '어수대에 올라'는 변산의 우슬재 인근을 배경으로, 인생 무상을 읊은 시로 유명하다.

시대의 이단아였던 허균과의 관계는 자못 흥미롭다. 그와의 관계는 충분히 세인들의 관심을 끌만하다. 그러나 두 사람의 관계는 플라토닉 러브 이상은 아니었다. 천하의 난봉꾼이었지만 허균은 진정으로 매창을 존중했다. 둘의 사귐에는 일말의 음란함이 깃들지 않았다.

"허균이 조운(漕運)의 감독관으로 제수돼 해운판관으로 부안에 왔을 때, 두 사람이 만났던 것 같아요. 아시다시피 허균은 자유분방한 사고를 지녔던 사내잖습니까? 그러나 매창과는 우정의 관계를 나눴던 것으로 문헌에 나와 있습니다. 아마 허균은 누이(허난설헌)의 삶을 보면서, 매창을 단순히 기생으로만은 보지 않았던 것 같아요. 당대 최고 문인이었음에도 불구하고 불행한 삶을 살았던 누이의 모습에서, 허균은 매창을 본 것 같아요."

부안문화원 김경성 사무국장의 말은 일견 타당해 보인다. 시문을 매개로 이어진 둘의 관계는 순수함 그 자체였다. 매창이 38세의 젊은 나이로 세상을 떴을 때 허균이 지은 시는 이를 반증한다.

"아름다운 글귀는 비단을 펴는 듯하고
맑은 노래는 구름도 멈추게 하네
복숭아를 훔쳐서 인간세계로 내려오더니
불사약을 훔쳐서 인간무리를 두고 떠났네
부용꽃 수놓은 휘장엔 등불이 어둡기만 하고
비취색 치마엔 향내가 아직 남아 있는데
이듬해 작은 복사꽃 필 때쯤이면
그 누구가 설도의 무덤 곁을 찾아오려나."

〈매창의 죽음을 슬퍼하며〉

아전들이 유작 모아 문집 간행

매창은 죽어 부안의 오리정 고개 뒤편 공동묘지에 묻혔다. 생전에 그녀가 아끼던 거문고와 함께였다. 시대가 낳은 불우한 여인이었지만 그녀는 외롭지 않았다. 언제부턴가 사람들은 그녀의 묘지가 있던 곳을 '매창뜸'으로 부르기 시작했다. 그들은 매창의 문재와 천품을 익히 알고 있었다. 1668년 부안의 아전들은 그녀의 유작 58편의 시를 모아 『매창집』을 간행했다. 일설에 "목판본 글자가 이지러질 정도로 찍었어도 수요를 감당할 수 없었다"고 한다.

초여름 매창공원은 소나무, 이팝나무가 드리운 그늘로 시원하다. 철지난 철쭉이 공원을 아련히 수놓고 있다. 초록이 물드는 이곳에서 매창의 시와 생을 생각한다. 그녀의 무덤 어딘가에서 거문고 소리가 들릴 것도 같다. 그녀의 유언은 간단했다. 생의 위안이었던 거문고와 함께 묻어달라는.

이곳을 찾는 이들이여, 날 기념일랑 마오.
나는, 시를 짓고 그림을 그리며
거문고를 타다 갔을 뿐, 그렇게 날 잊어다오.
어차피 삶은 그런 것 아닌가.
내 무덤에 술잔도 놓지 마오.
내 이름 앞에 붙은 그 불온한 명패를
떼기 전에는 다가오지 마오.
나는 시인 매창이요.
나는 자존의 인간, 매창이니.

Chapter 5
충주 탄금대

진흥왕 13년(552년) 늦가을 어느 밤이었다. 휘영청 밝은 달이 국원(충주)의 대문산(108m) 위로 봉긋이 솟아올랐다. 강물에 비친 달그림자는 꽃처럼 화사하고 아름다웠다. 도도히 흐르는 강물을 따라 가을 찬바람이 연신 토성 안으로 불어왔다. 성문을 밝히는 횃불은 짙은 그림자를 드리우며 시나브로 사위어 가고 있었다. 이따금씩 이름 모를 산새의 그악스런 울음만이 한밤의 적요를 깨뜨릴 뿐, 사방은 정밀한 고요에 물들어 있었다.

사진 / 박성배

우륵은 남한강이 바라보이는 토성의 너럭바위에 앉아 흘러가는 강물을 하염없이 바라보았다.

어둠 저편으로 흘러가는 강물은 깊고 포근하였다. 밤은 모든 것을 포용하되, 수용할 수 없는 그 어떤 것에 대해서는 매몰차게 등을 돌렸다. 우륵은 심사가 괴로울 때면 이곳을 찾아 오래도록 강물을 바라보았다. 돌아보면 지난 1년은 너무나 가혹한 시간이었다. 망국에 다다른 가야를 떠나왔던 게 바로 수개월 전이었다. 이방의 나라 신라로의 귀화는, 그러나 죽음보다 더한 고통을 안겨주었다. 그것은 엄밀히 말해 투항이었으며 고국의 자존을 헌신짝처럼 내던져버린 배반이었다. 우륵은 속으로 깊이 울며 참회하였다.

흐르는 것이 비단 세월뿐이랴. 우륵은 강물에 비친 달빛을 바라보며 새삼 시간의 덧없음을 되뇌었다. 강물도 흐르고, 생각도 흐르고, 풍경도 흐르고, 생의 한 순간도 그렇게 흘러감을, 그 흘러가는 모든 것들이 덧없이 사라질 뿐이었다. 다시는 돌아갈 수 없으리. 그대 다시는 고국으로 돌아갈 수 없으리. 조국 가야의 눈부시도록 푸른 산하가 두 눈에 어른거렸다. 볼 수 없고, 만질 수 없고, 느낄 수 없는 가야의 풍광이 어둔 강물에 실려 멀리 멀리 떠내려가고 있었다.

우륵은 품에서 조심스럽게 가야금을 내려놓았다. 연인 같은 악기였다. 달빛이 부서지는 밤, 그 악기는 하나의 존엄한 인간으로 다가왔다. 눈부신 나신은 사랑하는 여인처럼 단아하고 그윽하였다. 아니 그 악기 가야금은, 우륵이 살아야 하는 이유이자 망국의 한을 위무해주는 유일한 벗이었다. 어쩌면 다시는 볼 수 없는 조국의 그리운 것들이 열 두 줄의 팽팽한 현으로 둔갑해버린 것인지 몰랐다.

우륵은 굳은살이 박힌 손으로 현을 튕겼다. 가녀린 음곡이 허공을 갈랐다.

바람과 어둠을 가르고, 달빛을 부수며, 강물 속으로 스며들었다. 이름 모를 새들의 울음을 뚫고, 마른 나뭇가지 사이를 헤집고, 이내 뼛속으로 파고들었다. 그것은 나라를 잃어버린 자들의 핍절한 울음이었다. 우륵은 그렇게 오랜 시간 현을 탔다.

현의 울림 달래던 탐미의 공간

탄금대(彈琴臺). 우륵이 가야금을 탄주했던 자리라 하여 붙여진 이름이다. 우륵이 앉았던 대둔산 정상을 탄금대라 부르기도 하고, 남한강과 달천강을 면하고 있는 기암절벽을 탄금대라 부르기도 한다. 어느 쪽이든 탄금대는 우륵을 상정하지 않고는 온전히 그 의미를 구현할 수 없다. 이곳에서 우륵은 내면의 아픔을 달래려 현의 울림을 탐했을 것이다. 탄금대는 우륵과 연계될 때 비로소 탐미의 공간으로 수렴된다.

탄금정에 올라 남한강과 달천강이 합류하는 두물머리를 바라본다. 며칠 전 내린 비로 몸피가 분 강물의 흐름이 예사롭지 않다. 깊은 강은 멀리 흐르기 마련이어서 스스로 굽이치며 길을 낸다. 남실남실 출렁이며 그렇게 탄금대를 휘돌아간다. 저 춤을 추며 바람에 건듯 내달리는 강줄기를 보라.

으쓱 으쓱 고개를 들썩이고, 단단한 어깨를 서로서로 부여잡고, 앞서거니 뒤서거니 뒤꿈치를 붙들고 내달리는 강물을 보라. 막힘이 없다. 추호의 망설임이 없다. 유장한 흐름이다. 우렁찬 함성이다.

그러나, 이 강을 두고 사람들은 살육의 전쟁을 벌이곤 했다. 역사 이래로 강을 차지하기 위한 전쟁만큼 치열한 싸움은 없었다. 중원을 차지한 세력이 한반도의 주인공으로 군림했다는 사실은 이를 뒷받침한다. 이곳은 남한강과 달천강의 합수지점인데다 배후에 넓은 평야까지 펼쳐져 있어 전략적 요충지로는 더할 나위없다. 물고 물리는, 뺏고 뺏기는, 삼국의 '땅뺏기' 전쟁이 한편의 블록버스터를 능가하는 것은 이 때문이다.

그러나 어찌하리. 이 복잡 미묘한 역학구도는 21세기인 오늘에까지 이어진다. 정치권은 중원을 손에 넣기 위해 선거 때마다 교묘한 동맹과 야합을 꾀한다. 그들이 사활 건 싸움을 마다하지 않는 이유는 전적으로 '전리품' 때문이다.

승자 독식의 법칙은 어제의 적을 오늘의 동지로, 오늘의 동지를 내일의 적으로 만든다. 부자(父子)끼리도 나눠 갖지 못할 것이 권력일진대 동지의 변신이야 두말 할 필요도 없다.

알려진 대로 6세기는 신라의 국운이 가장 융성한 시기였다. 진흥왕은 찬란한 문화를 이루었고 한강 이남으로까지 영토를 확장한다. 그는 스스로를 '태왕(太王)'이라 칭할 만큼 내적인 욕망이 강한 인물이었다. 원래 남한강 유역은 백제의 영토였다. 이 일대는 삼국의 패권주의가 가장 극명한 형태로 표출된 지역이다. 고구려 장수왕은 남진(南進)의 깃발을 쳐들고 한강 유역으로까지 남하한다. 백제는 잃어버린 영토를 회복하기 위해 신라와 나제동맹을 맺는다. 가까스로 한강 유역을 탈환하지만, 이내 신라에게 허를 찔리고 만다. 잠시 방심하는 틈을 타, 신라가 한강 일대를 차지해버린 것이다. 신라는 이 기세를 몰아 가야까지 무너뜨린다. 낙동강 인근의 부족 연맹체였던 가야의 화두는 생존이었다. 그들은 날카로운 철제무기를 만들고 철기문화를 꽃피울 만큼 문화적 안목이 뛰어났다. 그럼에도 그들은 중앙집권제를 이루지 못한 모래알 정권이었다. 부족연맹이 왕조국가의 적수가 되지 못하리라는 것은 불문가지다.

바로 그 무렵, 우륵은 사위어 가는 조국의 운명을 슬퍼하며 신라로 투항한다. 진흥왕은 가야금을 들고 머리를 조아리는 우륵을 내치지 못했다. 아마도 우륵을 그저 그런 평범한 예인으로만 보지 않았던 듯싶다. 진흥왕은 우륵의 심중에 드리워진, 빛나는 가야금을 보았을 것이다. 언제고 그 악기가 사람들의 심금을 울리고, 중원을 울리고, 후세에까지 전해지리라는 사실을 말이다. 진흥왕은 그렇게 귀화인 우륵의 가슴속 현을 켠 '지음(知音)'이었다.

많은 이의 심금을 울리는 소리로 환생

원래 우륵은 가야국 가실왕 때의 사람이다. 490년 대가야의 성열현에서 태어났는데 지금의 어느 곳인지는 알 수 없다. 그는 예인으로서의 삶을 살기 위해 고국을 등진 낭인이었다.

기자는 그의 음악에 대해 알지 못한다. 더욱이 고대 국가의 음악에 대해서는 문외한이다. 그를 둘러싼 저간의 상황에 대해서도 소상히 알지 못한다. 그럼에도 우륵이 조국을 떠날 수밖에 없었을 당시의 불가피성과 그의 음악적 열정은 미루어 심작할 수 있을 것 같다. 오늘날에도 조국을 등지면서까지 타국으로 귀화를 하거나, 망명을 감행하는 예술가와 스포츠 스타들이 적지 않다.

한 개인의 꿈과 재능을 국가가 강제할 수는 없다. 누군가의 비범한 달란트는 지역과 국가, 시대와 역사를 초월해 많은 이들에게 지대한 영향을 미친다. 그것이 당대의 문화 발전을 견인하는 경우라면 더더욱 그렇다. 아마도 우륵의 신라로의 귀화는 그런 측면과 연관되어 있지 않을까 추측해볼 따름이다. 우륵의 심회를 생각하며 소나무 숲을 거닌다. 어디선가 고아한 현의 소리가 들리는 것도 같다. 1500년을 넘어 우륵의 숨결이 이곳에서 되살아난다.

가야에서 만들어진 가야금은 비로소 이곳 국원(國原·충주)에서 꽃을 피웠다. 신라 천년의 음악 근간이 되었고 오늘날의 예악의 바탕이 되었다. 우륵의 가야금은 비록 신라의 팽창주의로 인해 당시는 빛이 바랬을지 모르지만, 그가 완성했던 가야금은 지금 이 순간에도 누군가의 가슴을 적시는 소리로 환생하고 있다.

그 사내, 우륵의 꿈이 무엇이었는지는 알 수 없다. 다만 이 탄금대에서 이방인으로서 그가 흘렸을 슬픔의 눈물을 생각한다. 저 강물에 침했을 그의 눈물의 양을 나는 가늠할 수 없다. 그의 가야금 소리가 여전히 발목을 붙든다.

신립 장군과 탄금대

탄금대는 임진왜란의 참혹한 역사가 깃들어 있는 곳이기도 하다. 문헌에 따르면 당시에 도순변사였던 신립 장군은 이곳에서 진을 치고 왜구와 맞섰다. 8천여 명의 병사를 거느린 신립 장군은 왜장 가토 기요마사와 고니시 유키나가가 이끄는 적과 맞서 격전을 치렀다. 그러나 조총으로 무장하고 물밀듯이 밀려오는 왜구를 상대하기에는 역부족이었다. 전세를 되돌릴 수 없을 만큼 패색이 짙어지자, 결국 그는 탄금대에서 남한강에 몸을 던져 장렬한 최후를 마쳤다.

탄금대 북쪽에 위치한 열두대 또한 역사적 의미가 깊은 곳이다. 열두대의 지명을 둘러싼 유래는 명확하지 않다. 바위의 층계가 12개이기 때문이라는 설도 있고, 절벽 아래 물이 12번 돌기 때문이라는 말도 있지만 정확한 것은 아니다. 일반적으로 알려진 유래는 임진왜란 때의 일화와 관련이 있다. 이곳은 임진왜란 때 왜구와 극심한 전투가 있었던 지역이다. 교전이 격렬했던 만큼 엄청난 양의 화살의 소진됐을 거였다. 아군이 달구어진 화살을 식히기 위해 모두 12번을 오르내렸다는 일화가 전해 내려 온다.

Chapter 6

사진 / 박성배

충남 서산 해미읍성

고종 3년(1866) 정월 초였다. 살을 에는 추위가 조선 반도를 엄습했다. 세밑부터 몰아친 한파로 민심은 더욱 얼어붙었다. 숨을 쉴 수 없을 만큼 연일 찬바람이 불었고, 거센 눈보라가 몰아쳤다. 조선의 하늘 위로 어두운 그림자가 드리워졌다.

대원군이 내린 천주교 금압령(禁壓令)으로 고을마다 팽팽한 긴장감이 감돌았다. 쇄국양이(鎖國洋夷). 대원군은 서양인을 오랑캐로 규정하고 문호를 굳게 닫았다. 그는 사학인 천주학이 국체를 뒤흔들며 민심을 교란한다고 믿었다. 그는 몇 개월 사이 프랑스 신부와 적잖은 천주교도를 처형했다. 12세인 고종을 왕위에 앉히고, 수렴청정을 시작한지 얼마 지나지 않아서였다. 그는 야심가였다. 그는 무모하리만큼 강력한 친정 체제를 구축했다. 성리학과 그 지배질서를 옹호하기 위해서라면 어떠한 희생도 마다하지 않았다. 그 가운데 눈엣가시인 천주교가 있었다.

병인(1866)년, 정초부터 몰아친 한파는 그렇게 조선을 얼어붙게 했다. 겨울 끝자락의 바람은 여전히 매섭고 날카로웠다. 겨울 그림자는 서산 해미읍성(海美邑城)에도 짙은 장막을 드리웠다. 아름다운 지명만큼이나 풍광이 뛰어난 이곳에 불길한 기운이 엄습해왔다.

그리고 얼마의 시간이 흘렀다. 프랑스 함대가 자국 신부의 죽음을 항거하기 위해 강화도를 침략했다는 소문이 돌았다. 병인양요가 발발한 거였다. 푸른 눈의 서양인들은 총포와 신식무기로 무장했지만 완강히 저항하는 조선의 방어벽을 뚫지 못했다.

그 즈음 대원군의 아버지 남연군묘가 독일 상인 오페르트에 의해 도굴되는 사건이 발생한다. 지역 교인 수장인 이존창이 모친의 제사를 지내지 않기 위해 신위를 불태우는 일도 일어난다. 두 사건 모두 천주교인들이 연루된 것으로 알려지면서, 전국은 일대 파란에 휩싸인다.

해미읍성의 옥문이 열렸다. 결코 열릴 것 같지 않은 완강한 문이었다. 빗장 안으로 스며든 빛은 희미했고 조금의 온기도 배어 있지 않았다. 옥문이 열리자 오랏줄에 묶인 수많은 천주교인들이 줄레줄레 동헌(東軒) 앞으로 끌려나왔.

그들은 굴비 두릅에 꿰인 조기처럼, 함부로 엉킨 실타래처럼, 그렇게 풀 수 없는 운명의 사슬에 얽혀 형장 앞에 세워졌다.

그들은 국사범이었다. 실력자인 대원군은 그들을 참형에 처했다. '상갓집 개'라는 별명을 들으면서 귀동냥으로 정치를 배운 그였다. 그는 노회한 정객이자 막후의 실력자가 아니던가. 그에게 천주를 믿는 교인들은 내치를 강화하고 외세를 배격할 근거가 되었다. 교인들은 참되고 유일한 왕은 하느님

외에 없다는 지순한 신앙을 견지했다. 그것이 모반으로 비화되는 절체절명의 상황이었음에도 그들은 배교하지 않았다. 그러나 당시는 지엄한 왕조시대였다. 국시에 반하는 이들은 삼족이 멸해지는 극형을 피할 수 없었다.

봉건의 관념으로는 도달할 수 없는 지극한 도 '신앙'

회화나무. 그곳에 천주교인들을 달았다. 해미읍성 중앙에, 동헌 앞에, 교인들은 줄줄이 매달렸다. 교인들은 반항하지 않했다. 한 떨기 꽃처럼, 빛나는 별처럼, 영롱한 새벽이슬처럼, 한줄기 바람처럼, 스러지는 안개처럼, 그들은 그렇게 산재물이 되었다. 오래 전 유대땅 골고다 언덕 십자가에 매달린 예수처럼. 그들에게 신앙은 생명이었다. 봉건의 관념으로는 도달할 수 없는 지극한 도였다. 그들은 보이지 않는 세계에 대한 염원으로 기꺼이 죽음을 택했다. 그들은 약하지만 비굴하지 않았고, 담대하지만 무모하지는 않았다. 이 역설의 힘은 진리다. 현상이 아닌 가치를 추구하는 자만이 누릴 수 있는 절대 자유이며, 그것의 기원은 영적 세계에 대한 갈망이다.

"충청도 말로 회화나무를 호야나무라고 합니다. 이곳을 다녀간 사람들은 호야나무라고 알고 있지요. 회화나무는 공부하는 이가 그 그늘 아래 있으면 머리가 맑아진다고 합니다. 학자수라고 불리는 연유지요. 그런 맑고 고결한 나무에 산 사람을 매달아 극형에 처했으니…."

문화해설사 구영희 씨의 눈빛이 호야나무 가지 끝에 닿는다. 가늘게 떨리는 눈빛이 이편에서도 느껴진다. 해설할 때마다 그이는 매번 사슬의 흔적을 그려야 하나보다.

나희덕 시인은 '해미읍성에 가시거든'에서 회화나무를 이렇게 표현한다. "나무가 몸을 베푸는 방식이 많기도 하지만 하필 형틀의 운명을 타고난 그 회화나무". 신실한 이들을 매달아야했던 그 나무. "수천의 비명이 크고 작은 옹이로" 박힌 나무는 그날의 참극을 무언으로 방증한다. 그리하여 이 가없고 처연한 나무는 오래도록 살아 그 무참함을 감당한다. 죽음보다 더한 고통이 살아서 그 가혹의

시간을 되새김질 하는 거다. 망각보다 무서운 것은 기억이며, 기억보다 더한 고통은 각인이다. 지금 회화나무는 치료 중에 있다. 역사는 수명의 연장을 원한다. 사람들은 오래오래 그 나무를 보고 싶어 한다. 그러나 나무 또한 존엄한 생명체가 아니던가. 나무는 차라리 멸함으로써 참극의 환영에서 벗어나고 싶은지 모른다. 죽음에 이르지 않고는 '주검'을 잊을 수 없는 천형은 너무도 가혹하다. 그러므로 죽어 나무가 되고 싶다 노래하는 이들은 이곳에서는 그 생각을 접어야 한다. 기억의 고통을 견딜 수 있는 이들만이 나무로 태어나야 하리.

'여숫골'이라는 명칭으로 불리게 된 사연

회화나무와 일별을 하고 성밖으로 나온다. 여숫골로 방향을 틀자, 하늘이 흐려진다. 휘장을 쳐 놓은 것처럼 먹구름이 하늘을 덮었다. 회화나무 잔상이 지워지지 않는다. 소리 없는 비명이 성밖을 너머 '여숫골'로 이어진다.

여숫골은 해미읍성에서 멀지 않은 곳에 있다. 그곳은 성지다. 순교지다. 둥그런 모형의 기념관은 무덤을 형상화한다. 내부 벽면에 적힌 순교자 명단과 유리관에 담긴 무명의 유해들이 당시의 아픔을 증거한다. 벽면을 에둘러 새겨진 부조 작품은 처형지로 압송되는 사람들의 행렬을 담고 있다. 도살장에 끌려가는 가축의 그것과 별반 다르지 않다.

천주교인들이 회화나무에만 매달려 죽은 것은 아니다. 병인년(1866)~무진년(1868)에 걸쳐 수많은 이들이 생매장 당했다. 희생자가 1천여 명에 달한다는 사실은 또다른 방식의 참형이 집행되었음을 전제한다.

교인들은 여숫골에서 십여 리 떨어진 해안에 수장되기도 했다. '진둠벙'은 죄수를 뜻하는 '죄인'과 '웅덩이'를 의미하는 충청도사투리 '둠벙'이 합쳐진 말이다. 물에 수장되기 직전, 그들은 죽음의 공포를 잊기 위해 '예수 마리아'를 외쳤다. 사형집행인들에게는 마치 '여수'(여우의 충청도 사투리)에 홀려 죽는 소리로 들렸던 모양이다. 여숫골이라고 불리게 된 연유다.

그러나 가장 가혹한 죽음은 자리갯돌질 처형이었다. 널따란 돌에 사람을 내리쳐서 죽이는 극형이었다. 도리깨로 곡식을 쳐서 탈곡하는 방식을 도리깨질이라고 한다. 이와 반대로 곡식을 탈곡 농기구에 쳐서 훑어내는 홀테질이라는 게 있다. 자리갯돌질은 홀테질과 유사한 원리로, 교인들을 널따란 돌에 쳐서 죽이는 방식이다. 원래 자리갯돌질은 읍성의 서문 앞에서 행해졌었다. 그곳에 내가 흐르고 있었다. 집행인들은 그 위에 십자가를 놓고 밟고 가면 살려준다고 회유를 했다.

그럼에도 교인들은 끝까지 예수를 부정하지 않았다. "무릇 죽고자 하는 자는 살겠고, 살고자 하는 자는 죽으리라" 는 성경의 말씀을 붙들고 최후를 맞았다. 그들은 십자가를 밟는 대신 '십자가'를 지는 것으로 영원히 사는 길을 택했다.

견고한 해미읍성에 깃든 역사의 회한

바람은 불지 않고 초가을 볕은 여전히 뜨겁다. 한낮의 해미읍성은 고요하다. 성은 견고하고 정교하다. 아니 단아함마저 묻어난다. 해미읍성이 조선의 3대 읍성(고창읍성, 순천 낙안읍성) 가운데 으뜸으로 치는 이유다.

서산은 서해로 삐죽이 불거진 지형만큼이나 바다와 가깝다. 내륙은 호리병처럼 좁고 긴 천수만을 거느린다. 이곳은 현대 창업자 고 정주영 회장의 혜안이 기발한 상상력으로 현실화된 곳이다. 폐유조선 공법으로 바다를 막아 광활한 간척지를 개간했다. 그 서산의 남동쪽에 해미(海美)읍이 있다. 예로부터 풍부한 물산이 거래되고 한양으로 떠나는 세곡선이 이곳을 거쳤다. 안내문에 따르면 당연히 왜구들의 출몰이 잦을 수밖에 없었다. 영(營)을 두고 성(城)을 쌓게 된 이유다. 해미읍성은 조선 태종 17년(1407)때 쌓기 시작해 성종22년(1491)에 완성했다. 하대상소의 구조로 아래는 큰 돌, 위로는 작은 돌을 올렸고, 사이사이에는 쐐기돌을 박아 넣었다. 출입문은 정문인 진남루, 동문, 서문이 있고 2개의 포문이 있다. 전체적인 성벽 길이는 1.5킬로미터, 높이 5미터이며 성안의 면적은 2만평 정도 된다.

당초 해미읍성은 3중 방어 시스템으로 축조되었다. 성 주위로 탱자나무를 둘렀고 안으로 '혜자'라는 습지를 조성했다. 왜구들의 진입을 지연시키기 위한 방책이었다. 성 자체만 두고 보면 해미읍성은 꽤나 품계가 높다. 소속 군졸만 대략 1500명에 충청도 병마절도사가 상주했다. 13개 군현을 관활했으며 평시에는 군사훈련을 담당했다. 문헌에 따르면 1579년 이순신도 이곳에서 열 달 가량을 근무한 것으로 나와 있다.

청허정을 향해 발길음을 옮긴다. 성곽외 북쪽에 있는 아담한 정자다. 하나 둘 피어나기 시작한 코스모스가 가을의 향기를 뿜어낸다. 숨이 멎을 만큼 고운 향기다. 그 향기에 취해 스르르 눈이 감긴다. 평시에는 선비들이 이곳에 들러 시를 읊었다. 잠시 정자에 걸터앉아 성안의 풍경을 일별한다. 그렇게 시간이 간다. 그렇게 가을이 짙어간다.

사진으로 보는 문화역사기행

사진으로 보는 문화역사기행
068

Chapter 7

정읍
동학농민혁명
유적지

사진 / 박성배

잊을 수 없는 눈빛이 있다. 살아오면서 그토록 강렬한 눈빛을 본 적이 없다. 그 사람, 녹두 장군 전봉준(1854~1895)의 눈빛이 그렇다. 관군에게 붙잡혀 압송되던 때의 그 눈빛을 잊을 수 없다. 혹자는 무엇에도 흔들리지 않는 결기가 느껴진다고 말하고, 어떤 이는 가없는 쓸쓸함이 깃들어 있다고 말한다. 정읍 동학농민혁명유적지를 향해 가는 길, 녹두 장군의 형형한 눈빛을 생각한다. 그 눈빛을 보고 나면 '눈은 마음의 창'이라는 지극히 고전적인 정의는, 이내 무색해지고 만다. 전봉준의 눈은 마음의 창을 넘어 시대의 창과 역사의 창으로 전이된다.

그럼에도 그 눈빛에서 의미를 읽어서는 안 될 것 같다. 어쩌면 의미를 읽는다는 것은 무례하고 무모한 일일지 모른다. 그 눈빛이 주는 아우라는 그리 간단치 않아 한두 가지로 해석되지 않는다. 전봉준의 눈에는 어린아이의 맑은 영혼과 청춘의 뜨거운 열정, 장년의 무거운 고뇌, 노년의 아득한 쓸쓸함 그리고 전 생애를 관통하는 숙명의 그림자 같은 게 드리워져 있다. 아니 그 모든 것을 아우르는 초월과 무애가 깃들어 있다. 백 마디의 말보다 더 많은 말을 담고 있으나, 그 어떤 말의 울림보다 깊고 지엄하다.

전봉준의 형형한 눈빛을 한두 가지로 해석해서는 안 되는 이유가 바로 그 때문이다. 의미를 부연하려는 욕망은 얼마나 부질없는가. 하여 고상한 언어로 역사를 논하려는 생각은 애저녁에 버려야 한다. 그저 겸허히 고개를 숙여야 하리. 무릎을 꿇고서라도 용서를 구하고 싶은 눈빛 앞에서, 그저 두 손을 모으고 참회를 하고 싶다. 그 불타는 단심을 떠올리며 꽃 한송이 고이 놓아두고 싶다.

몸이 왜소하였기에 흔히 녹두(綠豆)라 불렸던 사람. 뒷날 녹두장군으로 불리며 많은 민중들의 추앙을 받았던 전봉준은 '사람답게 사는 세상'을 갈망했던 시대의 선각자였다. 동학농민혁명이 발발한지 올해(2016년)로 122년이 흘렀다. 역사적인 사건이 두 번의 회갑을 지나고, 새로운 육십갑자가 시작되는 첫 해가 바로 올해다. 그러나 동학은 이렇다할 주목을 받지 못했다. 국가적인기념행사나 특별한 조명도 없이 기념재단 중심의 학술대회와 간단한 행사 정도가 치러졌을 뿐이었다.

인간다운 세상을 위해 재물이 되었던 이

정읍 땅에 들어섰을 때, 익숙한 노래가 귓가를 물들인다. "새야 새야 파랑새야 녹두밭에 앉지 마라. 녹두꽃이 떨어지면 청포장수 울고 간다." 애련의 노래가 뇌리를 파고든다. 곡조는 잔잔한 파문이 되어 가슴으로 흘러든다. "새야 새야 파랑새야 전주고부 녹두새야. 어서 바삐 날아가라. 댓잎 솔잎 푸르다고 하절인줄 알았더니 백설이 펄펄 엄동설한 되는구나." 심장으로 흘러든 가락이 북소리처럼 사방으로 퍼져나간다.

우리들의 봉준이, 우리들의 녹두장군, 우리들의 영원한 친구, 그대가 그렇게 쓸쓸히 먼길을 떠났구나. 봉두난발 겨울 찬바람에 휘날리며 시대의 광야를 건너갔구나. 인간다운 세상을 위해, 낮은 자들의 자존과 존엄을 위해 그대가 그렇게 재물이 되었구나.

그래 가보자. 여전히 뜨거운 피가 흐르는 벌판으로 가보자. 새야 새야 파랑새야 목놓아 울지 마라. 그 서러움이 강이 되고 바다 되어 이 강토 붉게 물들이는구나. 새야 새야 고운 새야 그 옛적 녹두새야. 동학의 진원지 만석보(萬石洑)는 없다. 아니 보를 쌓은 흔적만 남아 있다. 현실의 벌판에는 기념비만 덩그러니 놓여 있고, 역사는 부재하는 실존만을 방증할 뿐이다. 이 들판에서 보세(洑稅)를 징수했다면 그 양은 어마어마했을 것이다. 비옥하고 광활한 농토는 역설적으로 수탈이 교묘하고 집요하게 이루어졌음을 말해준다. 새떼보다 무서운 건 관리들의 탐심이었다. "촛농 떨어질 때 백성의 눈물도 떨어지고, 노랫소리 흥거울 때 원망의 소리 또한 높다던가."

늦가을 저무는 해의 잔광을 받은 이평 들녘(배들평)은 허허롭다. 배가 드나들 만큼 큰 하천이 있다고 해서 배들평이라는 이름이 붙여졌단다. 이곳에서 동진강이 멀지 않고 예전 배가 드나들었던 나루터의 흔적이 남아 있다. 지평선까지 이어지는 넓은 들을 따라 숨죽인 고요가 깃든다. 멀리서 내려앉는 어스름의 빛이 황량한 벌판을 붉게 물들인다. 동면의 시간이 다가오고 있다. 이 들판에서 무슨 일이 있었던가. 적요가 감도는 쓸쓸한 이 들녘에서, 파랑새는 또 그렇게 쓸쓸히 운다. 새야 새야 파랑새야 고단한 날갯짓 한시름 접자꾸나. 새야 새야 갑오새야 일편단심 붉은새야.

"이곳은 갑오동학혁명을 유발한 민원의 일대 표적이었던 만석보의 유지이다. 당시 고부군수 조병갑은 상류에 민보가 있었음에도 불구하고 농민들을 강제로 사역하여 이 보를 막고 보의 윗논은 1두락에 2두(二斗), 아랫논은 1두락에 1두씩 일찍이 없었던 보세를 받는 등 갖은 폭정을 자행하였다.

이에 격분한 농민들은 1894년 갑오 2월에 전봉준 장군의 영도 아래 궐기하여 고부 관아를 습격하고 마침내 만석보를 훼파하고야 말았으니 이것이 바로 동학혁명의 발단이었다. 이에 우리는 이 유지비를 세워 불의에 항거하던 선열들의 높은 뜻을 되새기며 나아가서는 갑오동학혁명의 대의를 받들어 길이 기념코자 하는 바이다."

문헌에 따르면 당시 고부군수 조병갑의 학정은 대단했다. 영의정이었던 조두순의 조카였던 그가 곡창지대인 고부로 임직된 것은 지극히 당연한 일이었다. 그의 가렴주구(苛斂誅求)는 불필요한 보를 쌓아 물세를 매기는 방식으로 이루어졌다. 여기에 춘궁기는 되로 빌려주고 추수 때는 말로 받아내는 환곡의 폐단까지 더해졌다. 그의 탐학은 이에서 그치지 않았다. 태인현감을 지냈던 자신의 부친 조규순의 불망비를 세우기 위해 온갖 술책을 동원한다. 부호들의 돈 2만여 냥을 강탈한 것도 모자라, 농민들로부터 1000여 냥을 빼앗는다.

1893년 가을, 고부 고을 농민들은 관아(지금의 고부초등학교)로 몰려가 수세 감면을 진정한다. 그러나 조병갑은 양민을 선동했다는 이유로 농민들을 옥에 가두고 치도곤을 가한다. 전봉준의 아버지 전창혁도 이 무렵에 곤장을 맞아 죽고 만다. 탐관오리의 몰염치는 극에 다다르고, 농민들은 분기는 하늘을 찌른다.

전봉준은 학정을 끝내기 위해서는 '혁명' 외에는 다른 묘안이 없다는 결론을 내린다. 마침내 그는 1894년 1월 10일 거사를 감행하기로 마음을 굳힌다. 지역 동학책임자 죽산마을 송두호의 집에서 사발통문을 작성해 각 동리에 돌린다. 고부관아를 접수하고, 내처 전주영을 함락한 뒤, 서울까지 진격한다는 복안이었다. 신새벽 수천의 농민군들이 죽창을 들고 말목장터(지금의 이평면사무소)에 모여들었다.

불우한 시대, 불우한 혁명가의 불꽃같은 삶

만석보에서 동학농민군의 최초 집결지인 말목장터까지는 3킬로미터 남짓한 거리다. 지금은 이평면 면소재지가 들어서 있다. 고부, 정주, 신태인으로 통하는 삼거리로, 당시에는 장이 설 만큼 꽤나 번다한 곳이었다. 예나 지금이나 시장은 여론이 형성되고 소통이 이루어지는 개방적인 장소였다.

도로 양켠에 늘어선 오밀조밀한 상가들과 비좁은 도로, 후줄그레한 간판은 여느 읍내의 풍경과 별반 다르지 않다. 그럼에도 갑오년 농민군들이 내걸었던 깃발의 정신은 여전히 살아 숨 쉬고 있을 거다. 가만히 귀 기울이면 그들의 함성과 가멸찬 호흡을 느낄 수 있다.

가로수 가지에 이름 모를 새 한 마리가 사뿐히 내려앉는다. 혹여 그 새가 고부새인가 싶어 한참을 바라보다 발걸음을 재촉한다. "가보세, 가보세, 갑오면에 가보세. 을미적 을미적 하다가는 병신되어 못가네" 당시에 불리던 노래가 사분사분 귓가를 적신다. 이곳에서 녹두장군은 살아 있는 신화다. 한 줄기 바람 속에서 그 신화는 찬연히 되살아나 불의한 시대를 비춘다.

이평면 조소리에 있는 전봉준의 고택으로 방향을 틀었다. 그의 집에 가고 싶었다. 이 무정한 세상에서 그토록 형형한 눈빛을 드리웠던 사내의 집이 궁금했다. 집은 그 사람을 말해주는 가장 구체적이면서도 내밀한 공간이 아니던가.

양옥과 기화지붕 틈에서 초가지붕이 눈에 띈다. 초가는 주위의 풍경과 불화한다. 아니 시대와 불화한다. 이엉을 엮은 지 오래된 초가지붕은 낡고 누추해 기개 높았던 녹두장군의 가옥이라고 하기에는 믿기지 않는다. 이 풍진의 세상에서 그는 여전히 소외되고 있었다. 역사가 왜 승자의 기록인지 패자의 생가에 와보면 안다. 승자는 윤색과 각색으로 역사의 집을 치장하지만, 패자의 집은 '방치'되는 운명을 감당해야 한다.

전봉준. 그는 몸은 작았지만 녹두처럼 야무졌다. 사람들은 그를 가리켜 녹두장군이라고 불렀다. 그는 서당에서 아이들을 가르치는 훈장이었다. 가진 것이라고는 고작 전답 3두락(약 600여평)이 전부였다. 가난한 서생이 동학 농민군 지도자가 될 수 있었던 건 역사의식이 남달랐기 때문일 거다. 훗날 그는 법정 진술에서 다음과 같이 말한다. '한 몸의 일신을 위해 분연히 일어나는 것이 어찌 남자가 할 일인가? 중민이 원탄을 들어 그 해를 제거하고자 하였다'

농민군은 고부관아를 접수하고 부안군 백산에 집결한다. "서면 백산이요, 앉으면 죽산"이라는 말은 이에서 나왔다. 흰옷을 입은 농민군이 서 있으면 흰산이 되고 앉게 되면 죽창으로 거대한 산을 이룬다는 의미다. 이후 조직화된 농민군은 정읍 황토현에서 대승을 거둔다. 관군과의 전투에서 거둔 큰 승리로 농민군은 전라도 일대로 세력을 넓혀갈 수 있는 토대를 마련한다. 또한 농민군이 봉기 한 달 만에 전주성을 함락하는 전과를 올린다. 조선 왕조의 본향이자 전라 감영이 점령당하자, 위정자들은 경악을 금치 못한다.

다급해진 정부에서 청나라에 파병을 요청하기에 이른다. 그리고 며칠 후 일본군도 조선에 들어온다. 청과 일은 이전에 체결한 텐진조약에서 조선에 군대를 파병할 때는 상대국에 알리기로 협정을 맺었다. 그러나 청의 일방적 통행은 일본군이 조선에 들어오는 빌미를 제공한다. 예상치 못한 외세의 등장으로 농민군과 정부는 잠정휴전협정, 이른바 전주화약을 체결한다.

청과 일본의 주도권 싸움, 이른 바 청일전쟁에서 일본이 승리하게 된다. 노골적으로 조선에 대한 야욕을 드러냈던 일본은 이로써 동아시아 패권을 거머쥐기에 이른다. 삼남 각지에서 제폭구민, 척왜봉기의 횃불이 다시금 맹렬히 타오른다. 농민군은 삼례에서 집결, 공주 우금치로 진격하지만 신식무기로 무장한 일본군을 당해낼 수 없었다. 결국 우금치에서 가장 많은 사상자가 나고, 혁명의 불꽃은 점차 사그러든다.

전봉준은 11월 28일 정읍 입암산성을 벗어나 순창 쌍치면 피노리로 들어간다. 그는 이전의 태인 전투에서 패했으나 투지를 꺾지 않고 재기를 모색한다. 부하인 김경천에게 도움을 요청하기 위해 순창 땅에 들어서지만, 불행히도 금욕과 벼슬욕에 눈이 먼 부하의 밀고로 관군에게 붙잡힌다.

녹두장군은 서울로 압송돼 일본 영사관 감방에 수감된다. 그 사이 숱한 회유와 겁박이 잇따른다. 그러나 전봉준은 조금의 흐트러짐도 없었다. 이듬해 3월 형장의 이슬로 사라질 때까지 조선 사내의 의연함을 잃지 않는다. 그는 오로지 생의 마지막에 이 말을 하기 위해 모든 굴욕을 감내한다.

CHAPTER 7 정읍 동학농민혁명 유적지 · 073

"나를 죽이려거든, 종로 네거리 한복판에서 참형하라. 그래서 나의 피로 삼천리 방방곡곡이 붉게 물들게 하라." 불우한 시대의 불우한 혁명가는 그렇게 피를 토하듯 절규한다.

"때가 와서는 천지도 내편이더니
운 다하니 영웅도 할 수 없도다
백성 사랑한 죄 무슨 허물이더냐
나라 위한 붉은 마음 누가 알리요"

마지막에 지은 유시(遺詩)에는 압송되던 당시의 형형한 눈빛이 고스란히 배어 있다. 그는 무참하게 죽었지만 혁명가로서의 그의 삶은 완전하고 무결하였다.
동학농민전쟁이 일어난 지 120주년이 넘었다. 무수히 많은 농민이 동학군에 가담했지만, 기록에 남아 있는 이들은 극소수에 불과하다. 무명한 자들의 죽음은 여전히 밝혀지지 않고 의문의 과제로 남아 있다. 그들이 꿈꾸었던 반봉건, 자주, 평등의 정신은 이후 4·19와 5·18의 정신으로 면면히 이어진다. 동학이 미완의 혁명이 아닌 여전히 진행형의 혁명인 까닭은 그 때문이다.

"눈 내리는 만경 들 건너가네
해진 짚신에 상투 하나 떠가네
가는 길 그리운 이 아무도 없네
녹두꽃 자지러지게 피면 돌아올거나
울며 울지 않으며 가는
우리 봉준이
풀잎들이 북향하여 일제히 성긴 머리를 푸네
…그대 떠나기 전에 우리는
목 쉰 그대의 칼집도 찾아 주지 못하고
조선 호랑이처럼 모여 울어 주지도 못하였네
그보다도 더운 국밥 한 그릇 말아 주지 못하였네
못다 한 그 사랑 원망이라도 하듯
속절없이 눈발은 그치지 않고
한 자 세 치 눈 쌓이는 소리까지 들려오나니"

〈안도현 - 서울로 가는 전봉준 中〉

녹두장군 전봉준 마지막 피체지(被逮地)

1894년 12월 순창군 쌍치면 피노리. 눈발이 히끗히끗 흩날리는 날이었다. 불어오는 눈발이 여느 날과 달리 매섭고 거칠었다. 때는 음력 초 이틀(양력 12월 28일), 순창군 쌍치면 피노리에 숨어든 전봉준은 가쁜 숨을 몰아쉬었다. 턱 밑까지 차오른 팽팽한 숨으로 가슴이 사뭇 떨렸다.

산중의 겨울 해는 유난히도 짧았다. 가끔씩 뒷산에서 고사목이 부러지는 소리와 짐승들의 울음소리가 들려왔다. 생명들의 소리는 겨울 산을 헤집으며 허

공으로 사라졌다. 우거진 숲 사이로 겨울의 한기가 스며들었다. 전봉준은 올 겨울은 여느 해보다 추운 계절이 될 것 같은 예감이 들었다. 이 겨울이 가면 봄이 오겠지. 봄이 오면 이 산하에도 꽃이 피고 푸른 잎이 돋아나겠지. 산새들도 살포시 날아와 깃들겠지. 내 그리운 고향 고샅에도 봄기운이 넘실넘실 넘치겠지.

그는 잠시 눈을 감았다. 그리고 지난 며칠의 상황을 되돌아보았다. 뇌리 속으로 흑백의 필름 같은 풍경이 스쳐지나갔다. 공주 우금치 싸움의 대패는 두고두고 한이 되었다. 관군은 어느새 신식 무기로 무장해 있었고 일본군의 지원까지 받고 있었다. 파죽지세로 공주까지 올라갔지만 그러나 전쟁은 의지로만 되는 게 아닌 모양이었다.

분기탱천했던 수많은 농민들은 관군과 일본군의 연합을 당해낼 수 없었다. 골리앗과 다윗의 싸움이 바로 이런 것이었다. 그들은 기관총과 대포 같은 신식무기로 무장하고 있지 않던가. 아마도 그 무기는 결국 조선을 삼키는 올무가 될 게 분명했다. 전봉준은 잠시 되뇌었다.

도탄에 빠진 세상을 구하겠다는 뜻을 품고 도모했던 의거가 이렇게 허망하게 끝날 줄이야. 그는 세차게 고개를 가로저었다. 사람이 하늘이며 모든 인간은 존귀하다는 가치가 또 다시 폭압속에 매장되어서는 안 되었다. 전봉준은 곤한 몸을 추슬렀고 다시 한 번 의지를 곧추세웠다. 우금치 전투 이후 며칠의 시간이 주마등처럼 스쳐지나갔다. 장성 입암산성으로 퇴각, 백양사 청류암에서의 은신, 일본군과 관군이 추격해온다는 전언, 그리고 순창 쌍치로의 도피… 숨 돌릴 틈도 없이 전황에 휩쓸렸다. 친구들은 어디로 갔는가. 도원결의를 했던 벗들은 다 어디로 갔는가. 전봉준은 동학에 입교해 함께

썩어빠진 세상을 변화시켜보자 결의했던 김개남, 서화중이 떠올랐다. 그들은 모두 무사할까. 불현듯 전봉준은 '난세에는 누군가의 밀고를 조심하라'는 말이 떠올랐다. 조정에서 자신을 잡기 위해 현상금 1천 냥(약 1억원)과 군수직 벼슬을 내걸었다는 소문이 파다하게 돌았다.

고을마다 방이 붙었고, 세도가들은 동학도라면 치를 떨었다. 전봉준은 어금니를 물었다. 이곳 순창에까지 들어온 것은 옛 부하인 김경천의 연고지이기 때문이었다. 설마 김경천이 옛 상관인 자신을 밀고하랴. 세상이 아무리 막돼어버렸다고 해도 인징이란 그런 것이 아닐 터였다. 적어도 자신이 아는 김경천은 그럴 위인이 아니었다. 예상했던 대로, 김경천은 반갑게 전봉준을 맞아주었다. 오랜 만에 만난 사이일지언정 한때는 '양반상놈 노비 백정'의 신분제를 없애보자고 의기투합했던 '구우(舊友)'가 아닌가. 김경천이 부드러운 미소로 그를 반겼다. 온유와 위안이 가득한 미소였다. "시장하실 텐데 잠시 기다리고 계십시오. 제가 나가 닭이라도 한 마리 얻어와 저녁을 준비하겠습니다."

전봉준을 안심시킨 김경천은 그러나 속으로 쾌재를 불렀다. 그의 눈앞에서 1천 냥의 엽전이 흔들렸다. 마당에 수많은 엽전이 뒹구는 환형이 떠올랐다 사라졌다. 주막 밖으로 나온 김경천은 곧장 마을 유지인 한신현에게 달려갔다. 그리고는 지체없이 전봉준의 실체를 밀고한다. 이윽고 얼마의 시간이 흘렀다. 긴장이 풀린 탓인지 전봉준은 깜빡 잠이 들었다. 곤한 잠이었다. 그런데 밖에서 들려오는 기척이 뭔가 심상치 않았다. 닭을 잡아 저녁상을 들인다는 김경천은 아직 돌아오지 않았다.

헌데 무리지은 사람들의 발자국 소리가 연이어 들렸다. 뭔가 이상하게 일이 진행되고 있었다. 위험을 감지한 전봉준은 벌떡 자리에서 일어나 문을 열어젖혔다. 몽둥이를 든 대여섯 명의 장정들이 사립문을 열고 밀어닥쳤다. 전봉준은 신발을 신을 새도 없이 담장으로 튀었다. 순간, 정강이 위로 둔탁한 무엇이 내리꽂혔다. 전봉준의 눈가에 희미한 이슬방울이 맺혔다. 역시 사람은 믿는 대상이 아니었구나….

창의문을 선포하는 전봉준 장군

Chapter 8
부여 낙화암

사진 / 박성배

백제의 고도 부여에는 부소산성이 있다. 부여는 수도 사비의 옛 이름이다. 백제시대 후기의 도성지로 660년 신라에게 멸망할 때까지 120년간 백제의 수도(538~660)였다. 문헌에 따르면 사비도성은 내성과 외성으로 구성된 성곽체계를 갖추고 있는데 부소산성은 내성에 해당하는 성이다. 부소산성은 백제왕궁의 후원이 있던 곳으로, 방어 중심 개념의 성에 해당한다. 축조 시기는, 성왕이 수도를 웅진(공주)에서 사비(부여)로 이전하던 538년경으로 여겨지나 그보다 앞선 500년경에 동성왕이 쌓은 것으로도 추정된다. 부소산를 아우르는 이 산성은 백마강의 풍광과 사방의 지세를 조망할 수 있는 지리적 요충지이다.

인간은 성을 쌓고 자신들만의 세계를 구축한다. 적대적 세력으로부터 안위를 지키기 위함도 있지만 타자와 변별되는 자신들만의 세계를 지향하기 위해서이기도 하다. 성은 무너지기전까지는 그것의 절대 가치를 알 수 없다. 이 땅의 왕조들은 시대를 달리했을지언정 동일한 꿈을 추구했다.

그들은 백년, 천년, 그 너머의 시간까지 자신들의 왕조가 지속되는 이상을 추구했다. 왕조들의 야심은 더러 주변국을 침탈하는 패권주의로 확장되거나, 주변 정세를 읽지 못한 탓으로 패망에 이르기도 했다. 하늘 아래 어떠한 것도 영원한 것은 없다. 역사의 운명이자 왕조의 숙명이다. 부여는 의자왕을 끝으로 도읍으로서의 자존을 잃고 말았다. 부여는 백제의 도읍지를 넘어 패망의 공간으로 기호화된다. 이곳에서 천오백년의 세월을 건너 다시 중심부로 도약하고자 하는 부여의 열망을 읽는 것은 어렵지 않다. 후세에 전해진 패망의 역사는 옛 영화를 재현하고자 하는 꿈으로 전이되었을 거다. 여느 지방의 소도시와 같은 풍경 이면에 역사의 한 축을 담당했던 자부심이 드리워져 있는 건 그 때문이다.

"이 산성에 오는 자는 몸을 낮춰야 하리"

낙화암을 찾은 날, 봄꽃이 흩날렸다. 꽃잎은 분분이 흩어졌다. 널브러진 꽃잎은 아름답다기보다 처연하다. 가없이 몸을 던진 삼천궁녀들의 생은 처연함 속에서 오히려 빛난다. 낙화암에서 생과 사의 경계를 구분하는 것은 의미가 없다. 꽃같이 아름다운 백제의 여인들의 투신과, 처자를 자신의 칼로 베고 적장에 나간 백제의 장군 계백의 심회는 다르지 않다. 그들은 한치의 주저함도 없이 스스로를 버리거나, 식솔을 벰으로써 자신과 조국의 자존을 지켰다.

패전국의 백성이 감당해야 할 몫은 너무도 가혹하고 치욕스러웠을 터였다. 이방의 군사들에게 몸이 더럽혀지거나 그들의 주구가 되는 길 외에는 달리 방도가 없었다. 그들은 죽음으로써 영원히 사는 길을 택했다.

낙화암은 그다지 높지도 험하지도 않은 바위다. 명승고적에 값할 만큼 풍광이 뛰어나지도 않다. 특정한 바위라기보다 백마강에 면한 바위 전체를 말한다. 외부세력의 침입에 대비하기 위해 쌓은 내성의 일부로 존재하는 바위다. 부소산성이 미학적 경관보다 지리적 관점에서 선택된 요충지라는 사실과 맥을 같이한다.

부소산성 입구에서 낙화암까지는 십 분 남짓한 거리다. 한적한 봄날 오후 새들의 지저귐은 절규에 가깝다. 산성을 지키는 새들의 경고는 날이 서있어, 기자의 걸음을 오히려 무겁게 한다. "이 산성에 오는 자는 몸을 낮춰야 하리." 숲을 가득 메운 이름 모를 새들의 울음은 절규에 가깝다. 숲을 휘돌아 길은 이어지고 그렇게 역사가 이어지는데, 새들의 울음은 뼈저리게 아프다. 이곳에서 무슨 일이 있었나. 우리들의 꽃다운 백제의 여인들은 어디로 갔는가. 수정처럼 맑은 아이들과 노송처럼 기품있던 노인들은 어디로 사라졌는가.

백화정이라는 아담한 정자에 오른다. 낙화암 정상에 있는 작은 정자다. 1929년 삼천궁녀의 고혼을 기리기 위해 부여의 부풍시사라는 시우회(詩友會)에서 건립했다. 그들은 시만으로는 궁녀들의 고결한 뜻을 온전히 기릴 수 없다는 사실을 알았다. 그들은 백마강이 굽어보이는 이곳에 누각을 짓고 죽어간 여인들의 넋을 위무했다.

한 나라의 멸망기에는 사실과 다른 유언비어가 나돌기 마련이다. 백제도 예외는 아니어서 삼국유사에는 타사암(墮死岩)이라는 바위와 관련된 내용이 나온다. 타사암은 낙화암을 지칭한다. "의자왕이 여러 후궁과 함께 죽음을 면하지 못할 것을 알고 차라리 자살해 죽을지언정 남의 손에 죽지 않겠다며 여기에 와서 강에 몸을 던져 죽었다"는 내용이다. 그러나 이는 속설로 궁인과 일반 백성이 떨어져 죽은 것이고 의자왕은 당에 끌려가 그곳에서 죽은 걸로 당사(唐史)에는 기록돼 있다.

또한 삼천궁녀의 3천명은 수가 아니라 죽음을 상징한다. 그만큼 많은 이들이 이곳에서 백제의 멸망과 함께 자신의 목숨을 버렸다는 의미다. 삼천궁녀는 부소산성과 도읍지에 있던 백성들, 여인과 아이들과 노인을 포괄한다. '3천'이라는 수효의 언급은 조선 초의 문신 김흔(1448~?)이 '낙화암'이란 시에서 "삼천의 가무 모래에 몸을 맡겨 꽃 지고 옥 부서지듯 물 따라 가버렸도다"라고 읊은 것이 최초였다.

백화정 아래로 백마강 푸른 물길이 보인다. 거북이등 같은 소나무 껍질 사이로 볕이 스며든다. 나무의 숨결은 바람을 만들고 바람은 나무의 호흡이 된다. 언급했듯이 이곳은 명승 절경이 아니다. 절해의 단애가 드리워진 협곡도 아니다. 강을 에둘러 축조한 산성이기에, 그 너머로는 죽음만이 있을 뿐이다. 단애는 궁녀들의 고혼이 서린 듯 붉고 단출하여, 여일하게 흐르는 강과 선명한 대비를 이룬다. 여인들은 꽃같이 떨어져 역사를 피웠고 그 역사는 백제의 혼과 다가올 미래를 피웠다.

그러나, 낙화암을 굳이 '꽃'이 떨어진 자리라고 명명하는 것은 살아남은 자들의 언어의 유희일 수도 있겠다. 떨어진 자의 편에서 보면 꽃이 아니라 모든 것을 걸어야 하는 생이 아니던가. 그들은 모든 것을 걸고 모든 것을 던졌다. 모든 것을 걸고 던졌기에 죽어서도 산 것이며, 패했지만 승리했고, 내려놓고도 높임을 받았다.

백마강 물길 따라 흐르는 백제의 꿈

부소산성이 불길에 휩싸이던 날, 천년고도를 지향했던 백제의 아득한 꿈은 무너졌다. 승자들은 의자왕을 파렴치한으로 몰았다. 승자의 시선은 냉정하다. 역사의 미화나 왜곡은 전적으로 승자들의 전리품이다. 일등만 기억되고 일등만 살아남는 풍조는 예나 지금이나 별반 다르지 않다. 승자들은, 의사왕을 형편없는 군왕으로 폄훼했다. 정사는 살피지 않고 기녀나 끼고 놀다 백제를 멸국지화로 몰고 간 인물로 규정했다.

과연 그럴까. 6~7세기 한반도를 둘러싼 동아시아 역학관계는 그리 단순하지 않다. 고구려, 백제, 신라는 오래 전부터 영토를 둘러싸고 동맹과 견제를 반복해왔다. 삼국은 한반도 내 분쟁해결을 위해 적절하게 중국의 군사적 개입을 요구했고, 중국 역시 이를 지렛대로 영향력을 유지해왔다.

중국의 전략은 영토를 빼앗는 것보다 한반도 내에 그들과 가까운 친 정권을 수립하는데 있었다. 그 중심에 조공과 책봉이라는 '굴욕의 외교'가 자리하고 있다. 그러나 의자왕이 중국의 간섭에서 벗어나 독자노선을 걷기 시작하면서 한반도는 변곡점을 맞게 된다. 실록에는 백제가 나당연합군에게 패망할 때까지 8년 간 조공이 끊긴 것으로 나와 있다. 이는 일정부분 의자왕의 성품과도 직결되는 대목으로, 삼국사기 의자왕 본기에 따르면 '의자왕이 용맹스럽고 결단성이 있고 효제가 깊은 해동증자'라고 칭송하는 내용이 있다. 의자(義慈)라는 뜻이 "의롭고 자애롭다"는 의미와도 맥을 같이한다. 의자왕의 성품과 주변의 역학관계는 쇠퇴기에 있었던 백제의 운명을 점차 막다른 벼랑으로 내몬다. 당이 삼국 간 영토 문제에 있어 신라에게 유리한 조건을 강제한 점도 백제로서는 뼈아픈 대목이다. 결과적으로 신라의 대중국 외교의 승리로, 이는 무기의 전쟁보다 더 치명적인 결과를 초래한다.

"당 고종 때까지 이어지고 있는 중국의 백제와 고구려에 대한 견제 및 신라에 대한 옹호자세는 그동안 신라가 중국을 상대로 꾸준히 펼쳐온 외교노력의 성공적인 결과, 다시 말해 중국을 상대로 한 삼국의 외교전쟁에서 신라가 승리한 것으로 볼 수 있게도 한다. 사실 신라의 사신이 고구려와 백제가 신라를 공격한다고 당 태종에게 호소하며 도움을 청했던 643년부터 중국은 신라에게 자신들의 백제에 대한 군사행동 가능성을 말해주고 있다."*

시대가 흐른 21세기에도 중국은 여전히 한반도에 지대한 영향을 미치고 있다. 남북 갈등, 동서 갈등, 계층 갈등이 심각한 오늘의 한반도는 삼국시대의 정치 지형과 크게 달라지지 않았다. 역사는 반복된다는 명제가 예사롭지 않음은 그것이 운명의 반복을 견인하기 때문이 아닐까.

유유히 흐르는 백마강(白馬江)을 굽어보며 백제의 사람들을 생각한다. 백마강 물길을 따라 흐르던 백제의 꿈은 이곳 부소산성에서 막을 내렸다. 저 강은 백제인들의 넋과 탄식이 이어진 물길이다. 애달프다. 하얀 물새가 유연한 날갯짓으로 강둑에 앉으며 황혼을 노래한다. 백제의 여인들이 천년의 세월을 건너와 저리도 아름다운 물새로 환생하였는지 모른다.

황포돛배를 타고 백마강을 가로지른다. 해가 이우는 백마강은 서럽도록 쓸쓸하다. 은빛 비늘로 반짝이던 수면은 핏빛으로 물들어 몽환적이다. 핏빛의 물결은 단순한 환시가 아니라 저 강심에 드리워진 백제의 여인들과 아이들, 그리고 모든 그리운 이들의 숨결이 응축된 호흡이다.

누군가의 입에서 '백마강' 노래가 나지막이 흘러나온다. 가락은 다함없이 아늑하고 저리다. 죽은 자들은 평안히 잠들라. 이 낙화암 강변 아래 삼천궁녀들은 꽃으로 피어나리. 꽃이 진 자리에 생이 피어나고 또 다른 생이 이어진다.

"백마강에 고요한 달밤아, 고란사에 종소리가 들리어오면 구곡간장 찢어지는 백제 꿈이 그립구나. 아 달빛 어린 낙화암의 그늘 속에서 불러보자 삼천궁녀를."

고란사

안내문에 따르면 고란사는 백제 17대 아신왕대에 처음 세워졌다고 전해지기도 하며 고려 초기에 낙화암에서 목숨을 끊은 궁녀들의 원혼을 달래기 위해 지어졌다는 설도 있다. 정확한 창건 연대는 알 수 없지만 1959년 개건할 때 상량문에서 정조 21년(1797)에 한차례 중수가 있었다는 기록이 나왔다.

또한 고란사는 기암괴석에서 자라는 고란초와 바위틈에서 샘솟는 약수로도 유명하다. 이곳의 약수와 관련해서 두 개의 전설이 내려온다. 백제 의자왕은 건강을 위해 아침마다 고란사 약수를 마셨다고 한다. 고란사 약수에 대한 의자왕의 관심이 지대한 나머지, 나인들은 물을 길을 때마다 고란초를 꺾어 물동이에 띄웠다. 왕이 고란초를 보고 약수의 진위를 가렸기 때문이란다.

다른 전설은 자식이 없던 노부부의 이야기다. 자식을 간절히 원해 도사를 찾아가니 고란사 약수를 마시면 한잔에 3년씩 젊어진다는 거였다. 약수를 마시러 간 할아버지가 다음날이 되어도 돌아오지 않자 할머니가 직접 이곳에 오게 되었다. 할아버지는 오간 데 없고 웬 아기가 버려져 있었다. 약수를 너무 많이 마신 나머지 갓난아이로 변해버린 것이다. 할머니는 이 아이를 잘 키워 훗날 백제의 재상이 되었다고 한다.

Chapter 9
김제 아리랑 문학마을

오래 전 일이다. 군대를 제대한 지 얼마 안 된 무렵이었다. 복학을 앞두고 답답한 마음에 가까운 곳으로 바람을 쐬러 간 적이 있었다. 광주에서 가까운 장성 백양사 인근이었던 것 같다. 당시에도 한적한 시골길을 걷는 것을 좋아했었다. 머릿속이 복잡하거나 풀리지 않는 문제가 있으면 무작정 걷곤 하던 습관이 있었다. 제대를 한 무렵이라 앞날에 대한 막연한 두려움이 있었을 것이다.

백양사와 멀지 않은 한적한 시골 마을을 지나고 있었다. 아담한 꽃상여가 마을 앞으로 나오고 있었다.

꽃상여는 구름에 떠밀려가듯 아득하게 흘러가고 있었다. 뒤이어 익숙한 노래가 귓가로 흘러들었다.

"아리랑 아리랑 아라리요. 아리랑 고개로 넘어간다. 나를 버리고 가시는 님은 십리도 못 가서 발병난다. 아리랑 아리랑 아라리요. 아리랑 고개를 넘어간다. 나를 버리고 가시는 님은 십리도 못 가서 발병난다."

봄날 흐드러지게 핀 벚꽃 사이로 상여는 그렇게 지나고 있었다. 상여꾼들의 소리와 아리랑 가락이 절묘하게 섞여들었다. 형형색색의 꽃을 단 상여는 한 폭의 그림처럼 아름다웠다. 죽음이 아름다울 리는 없지만, 꽃상여에 깃든 죽음은 봄꽃의 이미지로 다가왔다. 아름다웠고 아쉬웠다.

아마도 아리랑 때문이었을 것이다. '나를 버리고 아리랑 고개를 넘어가는 님', 다시는 보지 못할 님을 생각하면 슬픔이 복받쳤을 터인데 말이다. 슬퍼도 슬프지 않는 애이불비(哀而不悲)의 느낌이 묻어났다. 아마도 떠나가는 망자의 혼은 남은 자들이 지나친 슬픔에 빠져 있는 것을 원하지 않을 터였다.

그때 들었던 아리랑을 잊을 수 없다. 벚꽃이 분분히 흩날리는 화창한 봄날의 아리랑은 그렇게 마을 어귀를 넘어 흘러갔다. "나를 버리고 가시는 님은 십리도 못 가서 발병난다." 20여 년도 훨씬 지난 일이지만 지금도 백양사 앞을 지날 때면 오버랩된다.

아리랑에 대한 단상은 누구나 다르다. 경험과 인식에 따라 상이하지만 아리랑이 우리 민족의 노래이자 '문화표상'이라는 데는 이견이 없다. 아리랑이 정확하게 언제 생겼는지는 알 수 없다. 기자가 이십 여 년 전에 들었던, 상여소리 뒤 끝에 들려오던 아리랑 가락 또한 오래 전 사람들의 입을 거쳐 후대로 이어졌을 것이다.

이렇듯 아리랑은 듣는 이에 따라 각기 다른 감성을 환기한다. 청자가 처한 상황에 따라 동일한 아리랑이라도 전혀 다른 느낌으로 다가온다는 것이다. 희노애락애욕정…. 인간의 본질적인 감정, 아리랑에는 칠정이 담겨 있다. '이별'은 아리랑이 가장 많이 불리는 상황 가운데 하나다. 사람들은 사랑하는 사람을 떠나보내며 아리랑을 불렀다.

일반적인 아리랑에 대한 규정, "별리의 슬픔을 읊은 노래"라는 말은 예에서 나왔다. 다음은 아리랑의 성격을 일정부분 이해할 수 있는 글 가운데 하나다.
다음은 아리랑의 성격을 일정부분 이해할 수 있는 글 가운데 하나다.

"〈아리랑 아리랑 아라리요〉의 소리가 조선 삼천리 방방곡곡에서 때로는 '우울'의 노래로, '영탄'의 곡조로 때로는 또한 명랑한 행진곡이 유량한 음율로 노소(老少)와 남녀를 물론하고 조선 사람의 정조와 정서의 가장 훌륭한 대표적 표현으로 되어 있는 〈아리랑〉 노래를 만들어 낸 아리랑 고개….'

〈조선중앙일보, 1935.11.1.〉

아리랑, 단일 노래로 가장 많은 콘텐츠 보유

아리랑의 태동은 고려시대로 추정하지만 (물론 그보다 더 오래될 것이지만) 오늘날 우리가 부르는 아리랑은 조선 후기에 널리 퍼졌다고 보는 게 일반적이다. 많은 학자들은 조선 후기 개인 문집에서 아리랑에 대한 기록이 나오게 된 것은 당시 경복궁 중건 공사(1867년)와 관련이 있다고 본다. 7년에 걸친 대규모 공사로 전국에서 수많은 일꾼들이 서울에 집결했다. 이들을 위로하는 연희패들이 모여들면서 민요와 잡가 등이 불리게 됐다는 논리다. '아리랑이 가장 많은 인기를 끌었으며 이후 고향으로 돌아간 일꾼들의 입을 통해 각 지역으로 퍼져나갔다'고 한다. 물론 이것도 하나의 설일 뿐 뚜렷한 정설이라고 확정할 수는 없다. 그럼에도 불구하고 아리랑은 단일 노래로는 세계에서 가장 많은 콘텐츠를 지닌 노래 가운데 하나다. 한민족의 소리 가운데 가장 창의적인 텍스트 가운데 하나라는 얘기다. 무엇보다 아리랑은 다양한 창작과 변용, 재해석이 가능해 원본과는 다른 색다른 묘미를 준다.

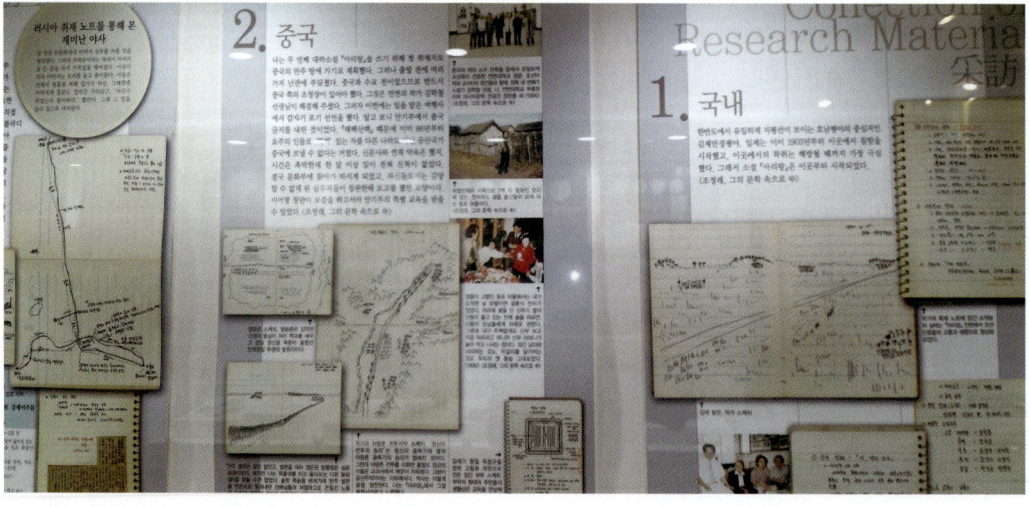

지난 2002년 월드컵은 대표적인 예 가운데 하나다. 응원 현장이든 경기장이든 사람들은 누가 먼저랄 것도 없이 아리랑을 목청껏 불렀다. 누군가 선창을 하면 뒤질 새라 따라 불렀고, 노래는 이내 열창으로, 그리고 감격의 어깨춤으로 이어졌다. 꿈을 이루고자 하는 간절한 염원이 아리랑 가락과 맞물려 폭발적인 응집력으로 표출된 것이다. 그렇게 오랜 세월을 함께한 아리랑은 한국을 넘어 세계인의 귓가로 흘러들어갔다.

노래로 불린 아리랑과 달리 문학 속 아리랑은 근대문학과 현대문학 이행기 사이에 드러난다. 당시 아리랑은 민요와 시가 결합된 형태여서 일반인이 쉽게 따라 부를 수 있었다. 더욱이 일제 강점기 시절이라 아리랑은 민족을 하나로 묶는 대표적인 기제로 작용했다. 항일 운동가들은 아리랑을 부르며 조국의 광복을 희원했다. 아리랑이 '혁명의 노래'로 불리었음은 불문가지다.

혁명가 김산(1905~1938)이 쓴 '아리랑'(동녘)이라는 책이 있다. 정확히 말하면 미국 종군기자 님 웨일즈가 기록한 김산에 대한 평전이다(김산이 구술한 내용을 종군기자 님 웨일즈가 기록을 했다). 님 웨일즈는 "그는 내가 7년 동안 동방에 있으면서 만났던 가장 매력적인 사람 중의 하나였다"고 회고했다. 김산의 '아리랑'은 자칫 어둠 속에 묻힐 뻔 했던 항일 투쟁사를 담아냈다는 데서 의미가 있다. 님 웨일즈는 식민지 치하 지식인의 비극적 삶을 역사적 자료로 남기고 싶었을 것이다. 마찬가지로 모순된 역사의 수레바퀴에 자신을 내던졌던 김산은 구술이 중요한 사료가 될 것으로 인식했을 터다. 김산은 광복 60주년이던 2005년 건국훈장 애국장이 추서됨으로써 불온한 역사의 장막에서 나올 수 있었다.

문학속의 아리랑 그리고 김제의 '아리랑문학마을'

소설에서도 아리랑은 다양한 양상으로 형상화됐다. 그만큼 아리랑의 문화적 확장력이 높다는 방증이다. 서사의 특성상 스토리와 주제, 사건을 토대로 아리랑의 정서와 상징이 유의미하게 반영됐다. 현진건의 '고향', 김유정의 '총각과 맹꽁이', 김도향의

'색시' 등은 대표작으로 여기에는 일제 강점기 한국 농민의 비참한 생활상이 핍진하게 그려져 있다.

지난 1세기 동안 우리나라 문학작품에서 아리랑이 얼마나 많이 반영되었을까? 1900년부터 2012년까지 간행된 문예지와 시집, 수필집, 산문집에 수록된 아리랑 관련 작품은 1063건에 이른다. 이는 강원 정선아리랑연구소가 지난 2010년 9월부터 2년 동안 아리랑이 투영된 문학작품을 조사한 결과

다. 정선아리랑연구소는 이 결과를 토대로 아리랑아카이브 자료집『아리랑문학작품 목록집』을 발간했다. 책에는 1923년 문예시대 창간호에 실린 이경손의 '아리랑', 1930년 나운규의 아리랑 수필이 실린 '삼천리', 1952년 '아리랑 처녀'가 수록된 시집 '수야' 등이 포함돼 있다.

그렇다면 '아리랑'을 소재로 한 문학 작품 가운데 가장 많이 읽히고 회자된 작품은 무엇일까. 단연 조정래의 대하소설『아리랑』을 빼놓을 수 없다. 어떤 이는 아리랑을 소재로 한 작품 가운데 단연 최고봉으로 꼽기도 한다. 조정래의『아리랑』은 소설 제목이자 그 자체로 우리 민족의 수난의 역사로 기호화된다.

알려진 대로 소설은 지난 1990년 한국일보 연재를 시작, 1995년 8월 해방 50주년을 맞이해 제12권(전12권)이 출간됐다. 1996년 프랑스 아르마따출판사와 전 12권 출판계약을 체결, 최초로 프랑스어 완역출간이 이루어진 한국문학을 대표하는 역작이다. 일제강점기를 다룬 작품 중 가장 널리 읽히는 대표적 역사소설로 우리 민족의 고난의 역사를 가장 핍진하게 그리고 감동적으로 형상화한 작품이다. 소설은 대략 2만 매 분량으로 이루어져 있다. 작가는 소설을 쓰기 위해 군산과 김제를 비롯해 지구를 세 바퀴 반이나 도는 취재여행을 감행했다고 한다. '발로 씌어졌다'는 표현이 과장이 아니다. 철저한 자료조사와 치열한 작가 정신이 빚은 수작임은 두말할 나위 없다. 이제는 고전적인 명제가 된 작가는 발로 취재하고 엉덩이로 쓴다는 말은 작가 조정래에게 가장 합당한 말이기도 하다.

소설 아리랑은 일본, 중앙아시아, 하와이에 이르는 우리 민족의 험난한 발자취를 따라간다. 그 가운데서 만나게 되는 소작농과 머슴, 아나키스트 지식인의 처절한 삶은 말 그대로 '아리랑' 그 자체다. 밟혀도 다시 일어서는 끈질긴 생명력과 고통을 초극하는 정한의 감정이 오롯이 아리랑에 투사돼 있다. 김제에는 아리랑문학관과 아리랑문학마을이 있다. 지난 2003년 5월 벽골제 박물관단지 내에 건립된 아리랑문학관은 소설의 배경이 되었던 김제만경들의 문학사적 의미를 담아낸다. 인접한 아리랑문학마을은 소설의 배경을 현실의 공간으로 재현한 곳이다. 문학을 다층적, 다면적으로 해석하고 들여다볼 수 있는 여지를 제공한다.

"아리랑문학마을은 일제 강점기를 다루는 소설의 배경으로 '수탈당한 땅과 뿌리 뽑힌 민초들'이 민족의 수난과 투쟁을 대변하는 소설 아리랑의 배경을 재현한 곳이다. '아리랑'이 노동요에 망향가, 애정가이자 만가(輓歌), 투쟁가로 민족의 노래가 되었던 것처럼 소설 속 징게맹갱(김제만경)은 강탈당하는 조선의 얼과 몸의 또 다른 이름이자 끝까지 민족 독립을 위해 싸워나갔던 무수한 민초들의 삶을 배태(胚胎) 한 땅이다."

위 글은 '아리랑문학마을 건립 취지 및 배경'을 알리는 김제시의 홈페이지에 게재된 내용이다.
아리랑문학마을에 들어서면 쌀가마니와 논을 이미지화한 홍보관을 만날 수 있다. 호남을 상징하는 '쌀'과 '토지'를 압축적으로 보여주는 건물은 지난 시대의 수난을 벗어나 미래로 나아가려는 의지를 담고 있다. 일제가 왜 김제라는 지역을 수탈의 대상으로 지목했는지 충분히 짐작이 된다. 지평선을 이루는 '징게맹갱 외에밋들'은 금싸라기 같은 쌀이 출토되는 생명의 땅이 아니던가. 쌀은 우리민족의 양식이자, 다음 세대로 DNA 인자를 이어주는 가장 소중한 주식이다.
홍보관 앞으로는 일제시대 거리를 재현한 가건물들이 들어서 있다. 주재소, 면사무소는 구한말 합리와 이성으로 대변되는 근대 기관들이다. 한편으로 당대 민중들을 억압하고 갈취했던 조선 민초들의 아픔이 응결된 곳이기도 하다. 불과 100년 안팎의 시간 너머에 그렇듯 우리 민족의 고난과 슬픔의 흔적이 오롯이 배어 있다.
내촌·외리마을에 당도하면 소설 속 주인공들의 삶의 이면을 엿볼 수 있는 공간과 만난다. 감골댁, 송수익, 지삼출 가옥 등을 스토리텔링기법으로 재현한 곳이 눈앞에 펼쳐진다. 과거와 현재라는 시간과 텍스트라는 상상의 공간이 접맥되고 분기되는 공간이다. 장대한 '아리랑'의 물줄기가 솟구치는 상상력이 발원지다.

사진으로 보는 문화역사기행

Chapter 10
고흥 소록도

"그런 게 어쨌든 죽을라면 주일날 죽어라는 거여. 그렇지 않으면 토요일 날 저녁에 죽던지. 주일날은 해부를 안 하잖아요. 바로 오래 놔둘 수가 없으니까 바로 화장장으로 가니까. 그래서 말이 죽을라면 주일날 죽던지 토요일날 저녁에 죽던지. 그건 화장터로 바로 간단 말입니다. 그런 게 해부 안 하고 죽을라면, 그런 말이 있어요."

가명 김○○ 씨

"단종수술을 결혼하기 전에는 안 했어. 결혼하고 나서 한 몇 년 살아서 했지. 어떤 사람이 임신을 해 가지고 좀 말썽이 있었어. 그 조○○네는 그때 그랬어. 그 집 때문에 그냥 그 뒤로 다른 사람들이 막 그랬어. 그런 게 그냥 막 그 벌로다가 우리뿐 아니라 그 뒤로 저기 몇 년도에 그거 한 사람들은 다 했어. 단체로… 여럿이 했어, 그때."

가명 최○○ 씨

지난 2011년 소록도병원이 95주년을 맞아 펴낸 구술사료집 『또 하나의 고향 우리들의 풍경』에 수록된 어느 환자들의 체험담이다. 그들은 고백한다. 죽음 자체보다도 죽음 이후에 벌어질 '해부'라는 절차가 더 두려웠다고. 그 두려움의 실체는 지극히 인간적인 고뇌다. 살아서 인간적인 대우를 받지 못했는데 죽어서까지 존엄이 훼손당하는 '참혹함'은 당할 수 없다는 간절한 바람, 그 이상도 이하도 아니다. 망자에게도 인격권이 있다는 것은 헌법이 보장하는 선언적 규범을 넘어 모든 인간이 보장받아야 할 보편적 가치다.

책에는 26명의 이야기들이 담겨 있다. 한센인 환우들의 생생한 이야기뿐 아니라 병원에 종사했던 관련자들의 경험도 진술하게 기록돼 있다. 소록도를 환자 중심에서 지리적, 제도적 관점 등에서 바라보려는 시도다. 사실 외지 사람들은 소록도의 역사를 환자에만 국한하는 경향이 있다. 그러나 소록도에는 한센인뿐 아니라 병원 의사나 직원, 공무원이 상주한다. 소록도에도 사람이 살고, 인정이 흐르고, 수다한 이야기가 산재해 있다.

소록도의 역사를 한센인으로 제한한다면 이곳의 역사를 온전히 담아내기 어렵다. 그 같은 관점은 소록도를 육지와 격리된 섬이라는 공간적 개념에 진료적 측면를 부가하는 결과밖에 되지 않는다. 그러나 2016년 개원 100주년을 맞이한 소록도 병원은, 소록도를 새로운 관점으로 들여다볼 수 있는 단초를 제공한다.

섬 지형이 작은 사슴을 닮아 붙여진 소록도는 고흥반도 끝자락에 위치한다. 이름처럼 평화롭고 아름다운 이 섬이 역사의 전면에 등장한 것은 일제 식민지 통치 시기와 맞물린다. 일제는 1916년 자혜의원을 설립해 한센인들을 이곳에 격리했다. 이후 소록도병원은 모두 일곱 차례나 명칭의 변경을 거치며 오늘에 이른다. 자혜의원으로 출발해 이후 소록도 갱생원(1934), 중앙 나요양소(1949), 갱생원(1951), 소록도 갱생원(1957), 국립소록도병원(1960), 국립나병원(1968), 국립소록도병원(1982)으로 변경된다. 명칭의 잦은 변경은 그만큼 부침과 곡절이 심상치 않았음을 전제한다. 세상의 모든 사물이나 존재가 그렇듯 '이름'은 본질을 명징하게 드러내는 표식이다. 갱생원, 나병원 등과 같은 명칭은 이후 소록도를 천형의 땅이라는 편견을 낳게 했다.

어두운 역사 드리워진 검시실, 감금실

녹동항에서 소록도는 불과 600여 미터 거리. 남쪽바다의 온화한 기후와 쪽빛 바다에 백사청송(白沙青松)이 어울려 자연 경관이 압권이다. 울창한 산림과 바다가 어우러진 비경은 여느 섬에 견줄 바 아니다. 그러나 아름다운 풍광 이면에는 늘 그렇듯 상흔이 드리워져 있기 마련이다.

일제 침략기에 단행된 한센인 격리 조치는 학대와 인권침해의 역사라고 해도 과언이 아니다. 소록도 병원으로 향하는 소나무 숲에서부터 그 무참함을 확인하게 된다.

'수탄장'(愁嘆場). 말 그대로 근심과 탄식의 공간이다. 병상의 부모와 보육소에서 생활하던 자식들은 한 달에 한 번 만남이 가능했다. 당국은 철조망을 둘러쳐 천륜을 인위적으로 막았다. 보고 싶어도 볼 수 없고, 만나고 싶어도 만날 수 없는 고통은 "차라리 나병에 걸렸으면 좋겠다"는 말까지 나오게 했다. 함께 병원에 격리될 수 있기 때문이다.

해안가 숲을 따라 테크를 걷다 보면 이곳이 유폐된 섬이었다는 사실과 마주하게 된다. 불어오는 바람에 바다 저편의 소리가 무시로 흘러든다. 그것은 단순한 웅얼거림을 넘어 "가고파", "가고파"라는 소리로 변환된다. 그 엄혹의 시절 한센인들에게 굽이치는 파도소리는 통한의 설움으로 들렸으리라. 소록도병원 뒤편에는 기다란 옹벽 벽화가 설치돼 있다. 정교하면서도 아름답고, 처연한 분위기가 감돈다. 한센인들 얼굴을 잇대어 만든 벽화는 무엇보다 강렬하게 이곳의 역사를 방증한다. 대리석 캔버스를 물들인 건 형형색색의 물감이 아니라 그들의 눈물과 한이다. 벽화 속에 드리워진 붉은 사슴은 냉대와 차별로 점철된 소록도 자체를 상징한다.

벽화는 지난 2013년에 제작되었다. 이곳 주민과 자원봉사자 400여 명의 얼굴이 새겨져 있다. 크라우드 펀딩이라는 다수 사람들의 후원과 재능기부자들이 협력해 하나의 작품을 완성했다. 고운 마음이 결집돼 완성된 벽화는 사슴 이미지로 치환되는 '소록도'를 현실 속 공간에 부려놓았다.

가장 극명하게 소록도 역사를 압축적으로 보여주는 곳은 검시실, 감금실이다. 검시실에서는 단종수술이 이루어졌다. 단종(斷種)은 "생식수관(生殖輸管)을 절제하거나, 생식소(生殖巢)에 엑스선을 쬐는 수술을 통하여 생식 능력을 잃게 함"을 뜻한다. 모든 인간은 본능적으로 후대를 잇고자 하는 욕망을 지니고 있다. 그러나 누군가의 강압과 인위에 의해 '거세'를 당한다는 것은 인간성이 파괴된다는 것을 의미한다.

"여기 나의 25세 젊음을 파멸해 가는 수술대 위에서 내 청춘을 통곡하며 누워 있노라" 정관수술을 받았던 누군가의 절규가 벽면에 걸려 있다. 그의 영혼은 자신의 존재가 송두리째 부정되는 참혹함을 죽어서도 결코 잊지 못했을 것이다.

감금실은 흔히 말하는 징벌의 공간이다. 낡고 추레한 붉은 벽돌은 이곳에 감금당했던 이들의 의식과 무의식을 송두리째 지배했다. 어둑하며 눅눅하기까지 한 이 공간은 냉대와 굴종을 감내해야 했던 이의 응어리가 고스란히 배어 있다. 그러나 이들에게는 이보다 더한 고통이 기다리고 있었다. 환자가 죽으면 해부가 자행되었다. 유족의 의사와는 하등 무관하게 이루어진 해부는 인간이 얼마나 극악할 수 있는가를 여실히 보여주는 단적인 증거다. 차갑고 녹슨 기구들에는 그 위에 올라야 했던 이들의 뜨거운 눈물과 짙은 회한이 무심히 깃들어 뿐이다.

그 시절, 한센인들 사이에서는 세 번을 죽는다는 말이 돌았다. 나병 발병, 시신 해부, 장례 후 화장이 바로 그것이다. 죽음이 존엄해야 하는 것은 한 인간의 역사가 완료되기 때문이다. 그러나 죽음 이후에 자행되는 해부는 부관참시와 다를 바 없는 존엄의 훼손을 가하는 행위였다. 인권유린이라는 말을 붙이는 자체도 가중한 수사에 지나지 않을 터였다.

검시실과 감금실을 나와 언덕 저편으로 걸음을 옮기면 중앙공원이 나온다. 정밀하면서도 아름다운 공원이다. 뭍에서 들여온 기암괴석과 관상수는 이국적인 분위기를 자아낸다. 태산목, 종려나무, 산나무, 치자나무, 반송, 솔송나무, 오엽송 등 이색적인 나무의 행렬은 보는 이의 눈을 즐겁게 한다. 그러나 뒷맛이 개운치 않다. 이 정밀한 공원이 자아내는 질서의 행렬은 지극히 폭력적이어서 혀를 내두를 정도다.

1940년에 완공된 이곳은 연인원 6만여 명이 강제 동원됐다. 이청준의 소설 『당신들의 천국』은 중앙공원 조성을 배경으로 한 이야기다. 당시 병자들은 아픈 몸을 이끌며 '천국 건설'에 동원됐다. 1970~80년대 개발독재 시대의 단면을 비유적으로 드러낸 작품은 이 땅에서 진정한 천국은 있을 수 없다는 전제를 보여준다.

나병환자들이 원했던 것은 아름다움과 정교함으로 치장된 천국이 아니었다. 그것은 위선과 위배로 쌓아올린 모래성 천국에 지나지 않았다. 환자들은 격리와 격절에서 벗어나는 것을 원했다. 자유가 전제되지 않는 권력은 필경 증오로 귀결될 뿐이며, 나아가 그것은 '우리들의 천국'이 아닌 '당신들의 천국'에 지나지 않을 터였다.

인권, 생태, 복지, 문화가 숨쉬는 공간으로

그리고 이제 100년이 지났다. 한 세기가 지난 것이다. 100이라는 숫자의 함의는 특별하다. 100년은 역사를 좀더 객관적이며 깊이 있게, 그리고 반성적으로 바라볼 수 있게 한다. 그동안 적잖은 변화가 있었다. 연륙교가 놓여 손쉽게 소록도를 찾을 수 있게 됐다. 소록도병원은 100주년을 맞아 의미 있는 작업들을 진행했다. 100주년 역사관 건물이 완공됐다. 이 역사관에는 원생들의 생활사, 비품, 의료 관련 기구 등 다양한 자료가 비치돼 있다. 일부 공개된 자료는 남루하고 보잘 것 없지만 나름대로 의미를 지닌다. 낡은 소형 선풍기, 검사 기계, 의료 기계, 의자 등 고물로도 가치가 없을 것 같은 사물과 기구들은 100주년을 맞아 세상 밖으로 나오게 된다.

"역사 자료관은 건립위원들뿐 아니라 한센인들의 의견도 반영했습니다. 단순히 과거의 어두운 역사를 전시하는 것이 아닌 미래지향적인 방향을 모색하는 데도 중점을 두었죠."

박형철 소록도 병원장은 100주년 관련 홍보 동영상 제작도 추진하고 있다. 그러면서 그는 "과거에 비해 편견은 많이 해소됐지만 여전히 한줌의 낙인은 남아 있다"며 "조금의 불편한 시각도 말끔히 사라지는 세상이 하루 속히 다가오기를 기원한다"고 밝혔다.

현재 소록도병원에는 환자 560명이 입도해 있고, 직원 200명이 이들을 돌본다. 사명감이 없으면 환우들을 보살필 수 없다. 약이 없던 시절 한센병은 불치병이었지만 최근에 발생한 병은 약물 치료가 가능하다. 이곳 소록도병원에 있는 환자들은 재활치료를 받고 있는 이들이다.

소록도병원은 이제 역사와 인권, 생태, 문화가 살아 숨 쉬는 복합공간으로 거듭나고 있다. 지나온 세기가 불운과 아픔의 역사였다면 앞으로 펼쳐질 100년은 건강과 복지, 문화와 생태가 융합된 희망의 섬이 될 것이다.

공원을 휘돌아 나오는 썰물이 그렇게 쓸쓸해보이지는 않는다. 녹동항 어딘가에서 뱃고동 소리가 들린다. 그 소리를 따라 바다새들이 하늘로 날아오른다.

Chapter 11
곡성 압록

한때 "열심히 일한 당신 떠나라"는 광고 카피가 유행한 적이 있다. 쉬지 않고 일했으니 충분히 쉴 자격이 있다는 말이었다. 카피는 일 기계가 되어 가고 있는 현대인들을 위한 그럴 듯한 위로로 들렸다. 사실, 휴가를 제외하고 온전히 며칠을 쉰다는 것은 말처럼 쉽지 않다. 쉼 없이 돌아가는 일상의 컨베이어 벨트는 고장이 나기 전까지는 결코 멈춤을 허락하지 않는다. 우리 일상은 톱니바퀴가 맞물려 돌아갈 만큼 매우 구체적이고 계획적이다. 틈을 허락하지 않는다는 의미다.

당장 주부가 하루 이틀 손을 놓으면 금방 표가 나고 만다. 어린애가 있는 집이라면 '난민 수용소'로 변하는 건 시간문제다. 가장이 대책 없이 사표를 내버는 경우도 마찬가지다. 얼마 지나지 않아 가정경제는 꼬일 대로 꼬여버린다. 별 것 아닌 듯 보이는 일상도, 이렇듯 누군가의 노력과 희생을 토대로 돌아간다.

일상에서 벗어난다는 것은 잠깐 그런 '의무'에서 손을 뗀다는 거다. 지나온 길을 돌아보고, 달려갈 길을 가늠해보자는 거다. 삼시 일상이라는 컨베이어 벨트를 한쪽으로 제쳐두자. 기계의 부속품처럼 자신을 혹사했던 관점에서 벗어나 원래의 모습으로 돌아가 보자.

압록에서 만나는 역사, 문화 그리고 기차마을

어느 날 문득 캠핑 체험을 하고 싶었다. 정말이지 '어느 날 문득'이라는 표현이 맞을 것 같다. 어디로 떠날까. 그저 생활공간을 떠나 낯선 곳에서 하루를 머물고 싶었다. 그곳이 문화와 역사가 숨 쉬는 지역이라면 더욱 좋을 것 같다. 사실 기자에게는 유목민 기질이 없다. 드넓은 초원을 내달리는 노마드의 열망이 가슴속에 드리워 있지도, 배낭 하나 짊어지고 어딘가로 떠날 만큼 낭만적이지도 않다. 쉬는 날 잠시라도 밖에 나가지 않으면 몸이 근질근질할 정도로 활동적이지도 않다. 전형적인 책상물림에 가까운 사람이 바로 나다. 캠핑이라곤 군대 시절 야외 훈련 나가 소대원들과 군용텐트를 친 게 전부다. 더구나 이렇다 할 장비가 있는 것도 아니었다.

그러나 어찌하리. 아내와 아들의 채근을 수용하는 것이 일신의 안위(?)에 도움될 것 같다는 생각이 들었다. 까짓것 새로운 경험을 해보자, 아니 하루쯤 내 자신과 가족에게 이색적인 하루를 선물해보자고 생각을 바꿨다. 그러자 없던 유목적 기질이 불끈불끈 솟아나, 장작이라도 팰 것 같은 기운(?)이 감돌았다. 집을 떠나 가족과 함께 야외에서 함께 지내는 것 그 자체가 의미 있는 일 터였다.

원칙을 세웠다. 간소하고, 간편하며, 간략하고, 소박하게! 가족과의 여행이니만큼 형식과 절차에 얽매이고 싶지 않았다. 더구나 겉치레나 여타의 시선보다 하루를 온전히 쉬자는 데에 초점을 맞췄다. 출발하기 전, 빠진 준비물은 없는지 확인했다. 만 24개월 된 세살바기 아들이 있어 준비만큼은 꼼꼼히 해야 했다. 사실 폼 나는 캠핑을 감행하기에는 무리였다. 숲이나 공원에 텐트를 치거나, 코펠이나 버너를 이용해 밥을 해먹는 고전적인 캠핑은 불가능했다. 세상 모든 것이 호기심으로 다가오는 아들 녀석은 어디로 튈지 모르는 '럭비공'이었다. 조금만 한눈을 팔았다간 가슴 철렁할 일이 벌어지기 십상이었다.

막상 이것저것 정리하다 보니 캠핑 물품보다 아들 육아에 필요한 물건들이 훨씬 많았다. 갈아입을 옷, 기저귀, 물티슈, 간식거리, 분유, 여벌의 옷, 보온병, 장난감 등 커다란 백 두 개가 차고 넘쳤. 야외로 나가 호젓한 시간을 보내려던 계획은 준비물을 챙길 때부터 엇나가기 시작했다.

애초엔 '건달'처럼 빈둥빈둥 놀다 때 되면 밥 먹고 늘어지게 잠이나 잘 심사였다. 시간이 조금 허락되면 늦은 밤까지 산책을 하고 그동안 못 읽었던 책도 읽고도 싶었다. 아무려면 어떠리. 그나마 다행인 것은 목적지가 광주에서 가까운 곡성 압록이었다. 광산구 집에서 넉넉잡고 1시간여 거리. 머리를 식힌다는 생각으로 운전대를 잡으면 한달음에 도착할 거리였다.

이 계절엔 고속도로보다 국도를 달리는 게 계절에 대한 예의일 터였다. 초여름 길목인 5월 중순은, 마치 출발하려는 버스 문을 두드리는 손님 같다. 저만치 사라져 가는 봄을 애써 붙잡으려니 말이다. 다행히 아내는 한적한 국도를 따라 드라이브하는 걸 좋아한다. 연애 시절 유일한 호사가 함께 차를 타고 명승고적을 찾아다니는 거였다. 한적한 시골길을 달리는 드라이브는 별다른 준비가 없어도 가능했다. 차창 밖 풍경을 바라보는 일은 맛있는 음식을 눈으로 감상하는 것 못잖은 즐거움을 주었다. 바야흐로 국도를 따라 펼쳐진 풍경은 계절의 여왕을 실감하게 했다. 신록은 풍성했고 물이 오른 수목은 성장을 한 여인의 모습에 비할 바 아니었다. 연두와 녹색이 절묘하게 경계를 이룬 산하는 수려하고 아름다웠다.

광주에서 출발한 우리는 담양 창평을 거쳐 옥과로 향했다. 올망졸망한 산세를 감상하며 달리는 길은 더없이 아늑했고 평온했다. 겸면을 지나 석곡으로 접어들자, 늦봄의 풍경이 분분한 꽃향기, 풀 냄새 사이로 정밀하게 드러났다. 창조주가 부려놓은 산수화는 보고 또 봐도 물리지 않은가 보았다. 그렇게 죽곡을 지난 압록으로 이어지는 동안 우리는 자연의 위대함에 누가 먼저랄 것도 없이 감탄을 연발했다.

한 시간여를 달려 캠핑장이 위치한 압록유원지에 도착했다. 이전에도 취재가 있어 몇 차례 온 적 있지만 가족을 대동하고서는 처음이다. 압록은 언제 와도 기대를 저버리지 않는 원시적인 풍광이 남아 있다. 맑은 물과 푸른 산세도 좋지만 시골과 산골의 중간 이미지는 심신을 아늑하게 한다.

관리사무소에 들러 캐러밴 키를 받았다. 승합차 크기의 캐러밴은 귀엽고 앙증맞았다. 순간 그 안을 엿보고 싶은 묘한 '관음증'이 일었다. 아들 정민이도 뭐가 신기한지 깡충깡충 뛰며 연신 미소를 지었다. 아마 녀석은 ebs '타요타요' 프로에서 봤던 타요버스가 연상되었을지 모른다.

캐러밴은 4인승과 6인승 두 종류로 나뉜다. 내부 구조는 일반 펜션 구조와 거의 유사할 정도로 거실, 수면실, 주방, 세면장이 정교하게 분리돼 있다. 비치된 가전제품이나 비품도 TV, 냉장고, 전자렌지, 에어컨, 전기스토브, 비데에 이르기까지 다양하다.

우리는 가져온 준비물을 차근차근 정리했다. 기본적인 것만 챙겨온다 했는데도 풀어놓고 보니 한짐이었다. 익숙한 것을 두고 떠나온다는 게 말처럼 쉬운 일은 아닌 듯했다. 하루짜리 여행도 그러할 진대, 세상을 떠나 먼곳으로 '소풍'을 떠난다면 오죽하랴 싶다.

밖으로 나왔다. 저녁을 먹기에는 이른 시간이었다. 앞으로 흐르는 섬진강 물줄기가 자꾸만 손짓을 했다. 햇살을 받은 수면은 은어비늘처럼 반짝거리며 하오의 풍광을 수놓았다. 맑은 물줄기를 따라 양편으로 이어진 산줄기는 그렇게 어깨동무를 하고 구례 너머에까지 어어지고 있었다.

"아들이랑 처음 캠핑을 왔는데 뭔가 추억을 만들었으면 해요." 아내는 레일바이크를 타자고 제안했다. 가족끼리 곡성에 가면 꼭 기차마을에 들르라는 지인의 말을 들었던 모양이다.

우물쭈물하다가는 금방 시간이 지날 것 같아 우리는 서둘러 움직였다. 나 또한 아들에게 엄마, 아빠와 함께 하는 추억을 선물해주고 싶었다.

레일바이크(railbike)는 아름다운 섬진강변을 달리는 철길 자전거다. 전라선 중 폐선구간인 침곡역에서 가정역에 이르는 5.1km의 길을 페달을 밟아 달릴 수 있다. 레일을 따라 유유히 흘러가는 강물을 바라보며 이웃한 풍경을 감상할 수 있다. 아니 스스로 풍경이 될 수 있다.

30여 분간 원시적인 동력을 만드느라 부지런히 발을 놀렸다. 아내와 나는 세상에 없는 유일무이한 기관차를 만들어냈다. 우리의 호흡과 근력은 운동에너지로 변환돼 기계를 움직였다. 산과 물빛 그리고 아들의 미소를 품고 달리는 레일바이크가 도달할 역은 추억이라는 이름의 행복역이었다.

레일바이크를 타고 난 다음 행선지는 기차마을이다. 곡성에 웬 기차마을인가 의문을 가질 법 하다. 알려진 대로 곡성은 천혜의 자연, 지순한 인심, 아름다운 효가 성한 고장이다. 지금은 섬진강기차마을(오곡면 오지리)로 유명하지만 문헌 속의 곡성은 심청이로 대변되는 효심 가득한 고을로 알려져 있다.

기차마을 일원에선 심청의 효심을 조명하고 가족의 중요성을 알리기 위해 10월이면 심청 효 문화 대축제를 연다. 물론 단순히 효를 주제로만은 하지 않는다. 문화축제로 지평을 넓혀, 심청 이야기를 다양한 장르로 변환한다. 다양한 문화 공연과 섬진강 도깨비 효체험, 공양미 삼백석 모으기 등과 같은 행사도 곁들여 흥을 돋운다.

곡성군은 전라선 이설로 철거위기에 놓인 옛 기차의 활용도를 고민했고, 기차마을이라는 문화와 역사가 깃든 공간으로 구체화했다. 그 결과 작은 시골 마을은 한국을 대표하는 관광지로 변모했으며 2012년도에는 CNN선정 '한국에서 가봐야 할 아름다운 50곳'에도 선정됐다.

기차마을 나와 장마당이 펼쳐진 곡성장으로 향한다. 어느 지역이든 그곳의 독특한 정취를 느끼려면 오일장을 가야한다. 예로부터 곡성장은 근동에서는 가장 활기찬 시장 가운데 하나였다. 이곳 어르신들에 따르면 "섬진강에서 돛배를 타고 올라온 상인들과 남원과 순창 등지에서 내려온 이들이 집결하는 곳이었다"는 것이다. 여기에 1920년대 전라선이 개통된 후로는 중부 동부권 지역의 농수산물이 유통되면서 큰 장으로 변모했다. 그러나 세상만사가 그렇듯 올라가는 법이 있으면 내려가는 법이다. 곡성장 또한 흐르는 세월을 거스를 수 없었다. 지금은 소박하기보다 쇠락한 이미지가 드리워져 있다. 그럼에도 곡성장에는 혼전만전한 활기는 아니더라도 넉넉한 인심이 흐른다. 좌판에 널린 고추, 오이, 가지, 버섯, 감자 등 갖은 야채와 사과, 바나나, 배 같은 과일은 다소 생김새는 이쁘지 않지만 싱싱하고 먹음직스러워보였다. 굽은 소나무가 선산을 지키듯이 조금 수더분한 야채가 맛있다. 동국문헌비교에는 곡성장에서는 늦게까지 조선조 엽전이 통용됐다고 나온다. 일제강점기 이후 새로운 화폐가 통용되면서 존재감을 잃었지만 전라선 개통 이전까지는 '돈'다운 역할을 했다는 방증이다. "아저씨, 그냥 가지 말고 하나 사시오이. 여그 물건 겁나게 좋아", "생긴 건 이래도 밥은 겁나게

좋아. 한 번 잡사보믄 알 것이여." 곳곳에서 들리는 소리들이 정겹고 구수하다. 살아있는 생명의 기운을 느낀다. 언젠가 읽었던 책 내용 중에는 이런 말이 있다. "사는 것이 답답하고 허전할 때는 한번쯤 오일장에 가보라"는. 다는 모르겠으되 그 말의 의미를 조금은 알 것도 같다.

세연을 한 압록유원지의 청정한 풍경

저녁준비는 내가 하기로 했다. 그동안 아내가 차려준 밥만 먹었지만 야외에 나와서는 그럴 수 없었다. 캠핑 식사는 남편이 준비하는 것이 엄연한 사회적 관습이었다. 관습화된 관례는 '법'보다 더한 구속력을 지녔다.

아내의 '잔소리'가 시작됐다. 쌀을 적당히 문질러 씻어라, 상추를 씻을 때는 꼬투리를 따라, 채소는 흙이 묻어 있으니 탈탈 털어라 등 집에서도 못이 박히도록 듣던 말이 반복되었다. 여자의 눈에 남자가 하는 집안일은 모두 엉성해 보이나 보았다. 아내의 잔소리는 기분 좋은 음악으로 들으라는 공처가 친구의 말이 떠올랐다. 지당한 말이다.

관리실에서 숯불을 가져오고 석쇠에 호일을 둘렀다. 고기만 먹으면 물릴 것 같아 김치찌개도 끓였다. 아들 녀석은 숯불이 신기한지 자꾸만 가까이 다가가려 했다. 불판 위에 고기를 올리자 맛있는 소리가 들렸다. 지글지글. 지글지글. 냄새가 코끝을 간질였다. 기름이 떨어지자 불꽃이 확 일었다 스러졌다.

정말 맛있었다. 캠핑 식사가 왜 맛있을까. 아마도 자연을 함께 먹기 때문일 거였다. 맑은 공기도 먹고, 수려한 풍광도 먹고, 무엇보다 가족과 함께 하는 식사는 사랑을 함께 먹기 때문이었다.

설거지도 당연히 내 몫이었다. 정말이지 구석구석 깨끗이 기름때를 닦아왔다. 야외에 나온 마당에 칭찬을 듣고 싶었다. 그런데 웬걸, 다 닦았다고 생각했는데 아내의 눈에는 그렇지 않은 듯했다. 와이프는 세치를 뽑아내듯 미진한 구석을 은연중 짚어냈다. 아내와 엄마의 눈은 현미경을 능가한다. 식사를 끝내고 벤치에 앉아 이런저런 이야기를 나누었다. 도란도란 흘러가는 강물소리가 참 좋았다. 올려다 본 하늘에는 군데군데 별이 박혀 있었다. 별을 본 지가 얼마 만인가. 하늘에는 구름만 흘러가는 게 아니라 별도 빛나고 있다는 사실을 오랜 만에 깨달았다. 아들의 눈에도 별빛이 담겨 있었다.

우리는 캐러밴 안으로 들어와, 밤늦게까지 이런 저런 이야기를 나누었다. 정민이도 새로운 공간이 신기했던 모양이다. 몇 번을 침대 위에서 깡충깡충 뛰더니 이내 새근새근 잠이 들었다.

느지막이 일어나 압록 인근을 산책했다. 자연도 세수를 하나 보았다. 세연을 한 아침나절의 풍광은 해질 무렵의 정취와는 또다른 감흥을 주었다. 왜 청청수도 곡성(谷城)이라는 수사가 붙었는지 이해가 되었다. 섬진강 일대는 압록유원지 외에도 곡성 청소년야영장, 도깨비마을, 두계산골 한옥체험장, 조태일시문학관 등 풍경과 문화가 어우러진 공간이 산재했다.

아침은 라면을 끓여 먹었다. 캠핑에서 먹는 라면 맛도 천하 일미였다. 후루룩, 후루룩 라면 줄기가 입에 닿기 무섭게 목구멍으로 넘어갔다. 졸졸 흐르는 섬진강 물소리가 입맛을 더했다. 산새들의 지저귐과 어우러진 물결 소리는 클래식과는 견줄 수 없는 천상의 화음이었다.

다시 짐을 챙길 시간이 다가왔다. 부지런한 짐꾼으로 돌아가야 했다. 나는 존재 이유를 이곳에서 명확하게 확인했다. 우리의 문화캠핑은 흐르는 일상에 잠시 쉼표를 찍은 시간이었다. 초보 캠핑은 그렇게 막을 내렸다. 아들이 자라 이 글을 읽을 때쯤 다시 한 번 이곳에 오리라.

Chapter 12
담양 소쇄원

겨울 소쇄원(瀟灑園)은 대나무 세상이다. 눈밭에 넘어진 파란 대나무, 어른 종아리 굵기 만한 대나무, 새하얗게 갈라터진 대나무에 이르기까지 정원은 온통 대나무 세상이다. 지난 겨울 혹한의 시간을 지나왔을 파란 생명의 힘이 느껴진다.

대나무 사이사이로 벗은 나무들이 웅크리고 서서 봄을 기다리고 있다. 귓가를 적시는 시린 물소리는 번다한 세상의 이야기를 저만치 밀어낸다. 투명하고 시린 바람은 티끌만한 먼지도 흔적 없이 씻어낸다. 이곳에 들어오는 이들은 세상의 만사를 먼지 털듯 훌훌 털어내야 한다. 몇 걸음도 못가 투명한 물소리에 발목이 붙잡힐 테니.

문헌에 따르면 양산보는 15세에 큰 뜻을 품고 한양으로 올라간다. 조광조의 문하에 들어가기 위해서다. 양산보는 글을 배우는 동안 조광조의 인품과 기개에 매료된다. 불합리하고 부패한 지배체제를 개혁하고 새로운 이념을 주창하는 조광조의 신념은 청년 양산보를 사로잡은 것이다.

그러나 스승을 흠모하고 따랐던 시간은 너무도 짧았다. 기묘사화의 광풍은 개혁가였던 정암 조광조를 죽음으로 내몬다. 훈구파는 개혁 성향의 사림파를 제거하기 위해 모함을 했던 것이다.
소쇄원은 양산보(1503-1557)가 스승인 조광조가 유배되는 모습을 지켜보고, 고향으로 내려와 지은 정원이다. 소쇄는 양산보의 호다. 그는 더 이상 입신양명에 뜻을 두지 않기로 했다. 벼슬은 아귀다툼의 진창 속으로 들어가려는 다짐 없이는 불가능한 모험이었다. 그는 이곳에서 자연과 벗하는 쪽을 택함으로써 자신만의 이상적 공간을 구체화했다. 어쩌면 은일과 은거가 비겁한 행태일지 모르지만, 양산보는 그렇게라도 함으로써 당대의 모순과 부조리를 능멸하고 싶었을 것이다.
개혁은 그것의 주체가 누구인지, 또한 그것의 대상이 누구인지에 따라 목숨이 경각에 놓이는 살벌한 전장에 다름아니다. 비단 조광조의 죽음뿐이겠는가. 곤재 정개청이 그러하였고 죽도 정여립이 그러하였다. 그들이 권력을 탐했다고는 보지 않는다. 바른 권력의 행사를 집요하게 요구했을 거다. 그러나 반대파의 눈에 권력에의 의지로 비치는 순간, 생은 경각에 달하고 만다. 권력을 거머쥔 자는 정적의 목숨까지도 거머쥐려 한다. 시대를 초월한 진리이자 권력의 비정함이다.
스승이었던 정암의 죽음을 지켜본 양산보는 권력의 부질없음, 피비린내 나는 권력의 생리에 진저리를 쳤다. 그는 담양 남면 지곡리에 들어와 은둔하게 된다. 세속과 명리를 버리고 무릉도원인 소쇄원에 은거했던 것이다. 유배와 사약으로 귀결되는 권력의 비정함은 그렇듯 양산보에게 '자연인'으로서의 삶을 강제했다.

수려한 민간정원을 뛰어넘는 이상향이 응결된 공간

담양 출신 작가 문순태는 『소쇄원에서 꿈을 꾸다』(오래)에서 당대의 상황을 깊고 날카로운 시선으로 풀어낸다. 소설은 한 젊은이가 스승을 잃은 후 자연에서 은거하며 사는 방식에 초점을 둔다. 작가는 머리말에서 이렇게 이야기한다.

"소쇄원(瀟灑園)은 내가 살고 있는 생오지마을에서 자동차로 15분 거리에 있다. 나는 이틀에 한 번 꼴로 소쇄원 앞을 지난다. 심란할 때 소쇄원에 들러 소쇄한 대바람 소리를 들으며 머리를 식히는가 하면, 광풍각 마루에 한가롭게 걸터앉아 얼핏 낮잠에 빠지기도 한다. 이곳에 가 있는 동안 내 자신이 소쇄처사 양산보가 된 것처럼 유유(幽幽)하고 유유(悠悠)한 기분을 느낀다.

나는 소쇄원에서 몇 가지 궁금한 생각을 갖게 되었고 이같은 의문들을 풀기 위해 소설을 쓰기로 했다. 앞길이 창창한 17세 선비 양산보는 왜 출사의 꿈을 접고 평생 이곳에 은둔하게 되었으며, 그가 이곳에서 일구고자 했던 이상세계는 무엇이었을까? 그는 왜 대봉대(待鳳臺)라는 초정을 짓고 상상의 새 봉황새를 하염없이 기다렸을까? 호남유림들의 담론의 장소이자, 창작공간이었던 소쇄원은 이 시대 우리들에게 무슨 의미가 있을까?"

작가는 양산보가 은둔의 방식으로 견지했던 삶의 의미가 무엇인지를 사유한다. 문 작가는 이 소설을 쓰면서 얻은 결론은 "조광조가 죽지 않았더라면 양산보는 정치개혁을 실현하는 중심인물이 되었을 것이고, 그랬더라면 소쇄원도 조성되지 않았으리라"고 언급했다. 그러므로 소쇄원은 조선시대 지어진 대표적인 민간정원이라는 보편적인 수사를 뛰어넘는다. 정원 곳곳에 남은 양산보의 흔적과 자취는 오늘을 사는 우리에게 당신들의 이상은 무엇이며 이상향은 어디인가라고 묻는다.

양산보가 원래부터 자연친화적 삶을 동경했는지는 알 수 없다. 기질적으로 자연과 교감하는 물아일체의 생을 추구했는지도 알 수 없다. 분명한 건 그가 비정한 권력의 생리에 진저리를 쳤고 낙향으로 이어졌다는 점이다. 정밀하면서도 자연친화적인 정원 이면에 정쟁과 숙청이라는 아귀다툼의 그림자가 실루엣처럼 어른거린다.

소쇄원을 꾸민 후, 양산보는 이곳을 찾는 문사들과 폭넓은 교유를 했다. 송순, 김인후, 임억령, 기대승, 고경명, 정철 등과 시를 지으며 마음을 다잡았다. 이곳을 드나들었던 이들은 아마도 양산보의 됨됨이를 정원의 모습에 투영했을 수도 있겠다. 정원을 걷다보면 양산보의 학덕과 인품의 아우라가 시간을 넘어 현재에까지 미친다는 것을 알게 된다.

제월당 마루에 앉아 정원 풍경을 바라본다. 천수답 다랑이 논을 연상하게 하는 풍경이 겨울 시린 하늘 아래 펼쳐져 있다. 풍경이 눈으로 들어와 이내 내면으로 들어온다. 아마도 저 풍경은 층층이 쌓아 올린 장면이라기보다 하늘에서 그대로 떨어진 장면을 화폭에 덧칠해 재현해 놓은 그림 같다.
면앙 송순은 "좋은 풍경은 좋은 눈에 들어온다"고 하지 않았던가. 맑은 눈, 투명한 심성을 전제 하지 않고는 풍경의 아름다움을 온전히 감상할 수 없다는 말이다. 풍경은 그대로 보는 게 아니라 "빌려본다"는 의미가 맞는 것은 어느 것도 우리 것이 아니며 어느 것도 특정한 시간속에 가둘 수 없다는 뜻이다. 아마도 면앙의 말에는 훼손을 염려하는 겸양의 시각이 담겨 있을 터다.
눈이 시리도록 맑은 풍경을 찬찬히 음미해본다. 겸손, 호연지기, 하심, 여백…. 이편을 비워야 저편의 대상을 '있는 그대로' 받아들일 수 있다. 눈앞에 맨몸으로 서 있는 복숭아나무가 눈에 들어온다. 한 겨울 벗은 과실나무의 모습은 나신의 여인처럼 신비롭고 애틋하다.

"저 앞 광풍각에서 불을 때면 연기가 냇물 쪽으로 흩날린다. 알다시피 복숭아는 무릉도원을 상징한다. 불그스름한 과일을 배경으로 흩날리는 희뿌연 연기는 몽환적인 느낌을 준다. 아마 양산보를 비롯한 선비들은 이곳에서 신선이 되는 꿈을 꾸지 않았을까 싶다"

전남 관광문화해설사 박민숙씨는 복숭아나무를 심게 된 배경을 그렇게 설명한다. 그럴 듯한 얘기다. 조선시대 민화를 보면 운해 속에서 신선들이 바둑을 두는 모습을 볼 수 있다. 그들은 일상에서 벗어나 신선이 되는 이상을 추구했다. 그것은 단순한 유희가 아닌 삶의 지혜이자 내면의 자유일 터였다.
그의 유희는 결코 현실도피가 아니다. 외형상 조광조의 죽음을 목도하고 감행한 귀향이었지만 본질적으로 부조리한 현실을 뛰어넘고자 하는 열망의 발현이었다.
제월당 왼편에 죽은 소나무가 서 있다. 그 자리에 서서 소나무는 지나온 몇 백 년의 세월 뒤로 침잠의 시간을 맞고 있다. 달빛이 암연히 비출 때, 죽은 소나무의 모습은 아름답다기보다 처연할 거였다. '비개인 하늘의 상쾌한 달' 이라는 뜻을 지닌 제월당은 양산보가 기거하면서 학문에 정진했던 곳이다. 아궁이에 불을 지핀 흔적과 세월의 더께가 앉은 마루가 이채롭다. 이곳에 한나절만 앉아 있다 보면 양산보가 살았던 시대로 회귀할 것만 같다.
소쇄원에 밝음과 투명함만 있는 건 아니다. 생명의 질서가 엄존하고 우주의 신비 또한 깃들어 있다. 맑은 소리와 명랑의 운율만 있다면 그건 정원이 아니다. 정원에도 비가 내리고 눈보라가 치고 폭풍이 몰아칠 때가 있지 않는가. 양산보는 이곳에서 사계절의 아름다움만 노래하지는 않았을 거다.
그의 노래를 들을 수 없지만 그의 노래를 상상할 수는 있다. 시간의 경계를 넘어 이 정원은 유연한 공감의 지대로 전이된다.
죽음이 있어야 삶이 있고 삶이 있어야 순환이 있다. 이 정원에 순환의 고리를 넘어서는 건 없다. 밝음과 투명함은 이면에 어둠을 전제로 한다. 계곡 사이로 들이치는 밝은 어둠은 소쇄원의 존재 근거를 말한다.

광풍각으로 내려와 바람에 귀를 기울인다. 아니 귀를 씻는다. "비 온 후 햇볕과 함께 부는 바람"이라는 뜻이 저절로 이해가 된다. 말 그대로 바람의 집이다. 바람이 머물고 햇볕이 머무는 집이기에 사특한 생각은 깃들 곳이 없다. 광풍각은 외부에서 오는 손님을 맞이하는 사랑방이다. 이곳에서 그들은 이야기 대신 바라봄의 싱차을 즐겼을 것이다. 눈의 호사는 입의 즐거움에 비할 바 못 된다.

물론 제월당과 광풍각을 비롯해 14채 정자가 있던 소쇄원은 양산보 시대 때 건립된 것은 아니라고 한다. 양산보에서 손자에 이르는 3대에 걸쳐 완성했다. 정유재란 때 완전히 소실된 적도 있는데, 이를 복원하기까지는 5대라는 지난한 시간이 소요됐다.

해가 이우는 시간, 미려한 햇볕이 정자 안으로 쫓기듯 스며든다. 숨이 막힐 듯 아름다운 빛의 소묘가 펼쳐진다. 게으름을 피우듯 걸음을 옮겨 담장으로 가까이 다가간다. 소쇄원은 크게 세 개의 담장으로 이루어져 있는데 애양단(愛陽壇), 오곡문(五曲門), 소쇄처사양공지려(瀟灑處士梁公之廬)가 그것이다. 이 중 백미는 애양단을 꼽을 수 있다. 애양단은 자연의 신비와 조화를 넘어 인륜의 덕목이 투영된 공간이다. 양산보의 지극한 효심을 읽을 수 있어 옷매무시를 다잡게 된다. 한겨울에도 볕이 많이 들어 붙여진 이름답게 하오엔 언제나 햇살이 차고 넘친다. "부모를 공경하는 마음을 마치 볕이 드는 양이라는 의미에서 효심을 잊지 말고, 효심을 잊지 않기 위하여 담장을 쌓았다"는 의미를 벅벅이 되새기며, 은거의 숲을 조심스레 넘는다.

Chapter 13

강진
시문학파기념관

사진 / 최현배

"오메 징허게 좋네!" 강진 시문학관을 둘러본 소감이다. 눈치 빠른 독자라면, 기자의 감탄사에 "오메 단풍들것네"라는 말을 연상할 것 같다. 틀리지 않다. 전라도 사투리 가운데 가장 친근한 시어를 꼽으라면 김영랑의 시에 등장하는 '오메 단풍들겠네'를 빼놓을 수 없다.

시문학관을 둘러보고 무심결에 흘러나온 "오메 징허게 좋네!"도 동일선상의 말이다. "참 좋네!"라는 말보다 훨씬 정겹고 살갑다. 갓 잡아 올린 생선의 느낌이 감돈다. 그만큼 구성지고 제 맛이 난다고 할까.

강진 시문학파기념관은 살아 있는 '남도 언어의 산지'다. 시문학파는 1930년대 남도의 방언뿐만 아니라 아름다운 우리의 말을 시로 형상화한 그룹이다. 김영랑, 박용철, 정지용, 이하윤 등의 시인이 참여해 만든 문파로,『시문학』을 중심으로 순수문학을 표방했다.

우리나라 70여개 문학관 중 유일하게 유파의 이름을 딴 문학관이 바로 시문학파기념관이다. 2012년 3월 5일 개관한 이곳에는 전시실을 비롯, 자료실, 세미나실, 학예실, 소공원 등을 갖추고 있다. 바로 옆에는 김영랑 생가가 자리하고 있어 시인의 발자취를 오롯이 느낄 수 있다.

사실, 책과 함께 하는 북캉스는 도서관과 북카페에서만 하는 게 아니다. 독서는 앉아 읽을 수 있는 공간만 있으면 어디서든 가능하다. 책의 본질적인 특징 가운데 하나가 이 개방성이다. 내용에 대한 다양한 해석이 가능할 뿐 아니라, 독서 행위 자체도 장소에 크게 제약을 받지 않는다는 의미다.

문학관은 북캉스를 즐기기에 더할 나위 없이 좋은 공간이다. 더욱이 문인의 생가가 인접한 곳이라면 금상첨화다. 여느 관광지, 문화 공간 못지않은 볼거리와 즐길 거리를 접할 수 있다. 책의 내용을 현실의 공간에서 직간접적으로 확인할 수 있는 곳이 바로 문학관이다.

첫눈에도 시문학파기념관은 맑고 투명한 기운이 넘친다. 투명한 유리 천공은 봄, 여름, 가을, 겨울 사시사철 하늘의 풍광을 담아낸다. 맑은 날은 맑은 대로, 흐린 날은 흐린 대로, 바람이 불거나 비람이 몰아치는 날은 또 그 나름의 운치가 넘친다. 한 겨울 눈보라가 흩날리는 날의 풍경은 그 자체로 그림이다.

"이곳에 들어오는 이들은 모두 시인이 됩니다. 시적인 감성으로 소통하고 나누는 거죠. 대부분 문학관 건물이 폐쇄적인 면이 없지 않은데 비해, 이곳 시문학파기문학관은 개방성에 초점을 뒀거든요."

김선기(56) 관장의 설명이다. 그는 오늘의 시문학파기념관이 전국적인 문학관으로 발돋움하는데 산파를 담당했던 문학인이다. 시문학파기념관을 개관하기까지 전국의 문학관을 탐방하고 벤치마킹했다. 기념관에서 눈에 띄는 공간은 '시인의 전당'이다. 자작나무 조형물을 배경으로 책장 형식으로 꾸며진 이곳에는 시문학파 시인들의 사진과 유품, 친필, 저서 등이 전시돼 있다. 이 자료들만 꼼꼼히 훑어봐도 시인들의 삶과 문학세계를 체감할 수 있다.

'시인의 전당'을 가장 시적으로 구현한 오브제는 자작나무다. '숲속의 여왕'을 상징하는 자작나무는 은회색이 감도는 나무다. 추운 지방에서 자생하는 나무를 보는 것만으로는 무더위가 싹 가신다. 그러나 자작나무는 늘씬한 외양과 달리 분위기는 사색적이다. 사람으로 치면 진리를 탐구하는 철학자나 자신만의 세계를 천착하는 우울한 예술인의 풍모다. 헤르만 헷세, 릴케, 예이츠의 작품에 등장할 정도로 문인들이 사랑하는 나무다. "이곳 '시인의 전당'이 92평이지만 저희는 이렇게 얘기를 합니다. 자작나무가 우거진 92만평의 숲이라 생각하고 시인들과 대화를 하라고 말이죠. 상상의 나래를 펴고 당대의 시인들과 문학적 감성을 교류하다 보면 어느덧 시인이 된 자신을 만날 수 있습니다."

문학관은 콘텐츠의 다양화와 타자와의 소통에 역점을 뒀다. '20세기 시문학도서관' 코너에서도 그 사실을 확인할 수 있다. 국내 유일본 『신문계』(1916)를 비롯 학술문예지 『여명』(1925), 『여시』 창간호(1928), 최초 번역시집 김억의 『오뇌의 무도』(1923), 『시문학』(1930), 『문예월간』 종간호(1932) 등

5000 여권의 희귀본이 소장돼 있다.

김 관장은 자료를 수집하기 위해 서울 인사동 통문관(고서적을 파는 서점)에서 2년간 살다시피 했다. 시문학파 시인들이 30년대 활동을 했기 때문에 자료 구하기가 쉽지 않았다. 그러나 '강진다운' 문학관을 만들기 위해서는 이런 저런 어려움은 쉬이 감내해야 했다.

이곳은 전시 면에서도 손색이 없지만 내용 면에서도 알차다. 문학관이 무엇을 전시하고 있느냐도 중요하지만 무엇을 하고 있느냐는 더 중요하다. 사색을 하거나, 북캉스를 즐기려는 이들에게는 더할 나위 없이 좋은 공간이다. 사람과의 만남이 있고, 문화의 향기가 흐르며, 책을 매개로 실다운 대화를 나눌 수 있다.

매주 마지막 주 화요일 밤(7시)에 진행되는 '화요일 밤의 초대 손님'은 알찬 프로그램 가운데 하나다. 강진에 거주하는 문화예술인을 초대해 지나온 삶 그리고 문화와 예술과 관련된 이야기를 나눈다. 김 관장이 사회자로 나서 토크를 주고받는다. 지금까지 적잖은 이들이 무대에 섰고 앞으로도 많은 이들이 초청될 예정이다. 입소문을 타고 타 지자체에까지 알려질 정도로 인기가 많다.

'영랑시인 감성학교'도 빼놓을 수 없는 인기 아이템이다. 매주 화요일(오후 3시~4시) 초등학교 학생들을 대상으로 수업을 실시한다. 강진 전역의 14개 학교를 대상으로 이루어지는 수업은 이곳만의 자랑이다. 누구나 미래의 영랑을 꿈꿀 수 있으며 '오메 단풍들것네'를 뛰어넘는 문재를 갈고 다듬을 수 있다.

2층 북카페에 들르면 책과 함께 다양한 '모란'을 만날 수 있다. 영랑의 시 『모란이 피기까지는』의 소재 '모란' 그림이 걸린 벽면은 화사하고 따스하다. 다양한 시각으로 표현된 모란은 보는 이에게 저마다 다른 감성을 선물하며 북카페를 환상적인 분위기로 물들인다.

한여름 유리창에 달린 전통 창호문을 걷어 올리면 이곳은 근사한 정자로 변신한다. 지역민들의 사랑방뿐 아니라 외지인들의 쉼터 역할로도 손색이 없다. 열린 문으로 불어오는 남도의 바람이 시심을 적시는 것이다. 어느 곳에서도 맛볼 수 없는 시문학관의 '시풍(詩風)'은 삼복더위마저도 잊게 한다.

김 관장은 한 가지 더 자랑을 붙인다. "시문학파 기념관은 문학관이기도 하지만 전문 박물관이기도 합니다. 사서, 학예사, 유물 등을 갖춘 1종 박물관으로 승격돼 한국박물관협회에 가입이 됐거든요…. 문학관에 오면 책도 읽고, 문화도 즐기고, 예술의 향기를 느낄 수 있습니다. 남도답사1번지가 강진이라면, 강진의 답사1번지는 시문학파 기념관이 아닐까요."

이곳에서 북캉스를

오-메 단풍 들것네
장광에 골불은 감닙 날러오아
누이는 놀란 듯이 치어나보며
오-메 단풍 들것네
추석이 내일모레 기둘니리
바람이 자지어서 걱정이리
누이의 마음아 나를 보아라
오-메 단풍 들것네

〈김영랑 - 누이의 마음아 나를 보아라〉

시문학파문학관과 이웃한 김영랑 생가에 들어서면 "오-메 단풍 들것네"라고 노래했던 시인의 음성이 들리는 듯하다. 잘 단장된 초가집 생가는 한편의 맑은 서정시로 다가온다. 본채와 사랑채, 문간채로 구성된 가옥은 시골의 정치가 물씬 배어 있다. 정겨운 돌담 뒤로 펼쳐진 대나무밭에선 미세한 바람에도 서걱거리는 소리가 난다.
금방이라도 이곳 어딘가에서 시인이 미소를 지으며 나올 것 같다.

김영랑은 강진 부호의 아들로 태어났다고 한다. 그런데 왜 지붕을 기와가 아닌 초가로 엮었을까. 들리는 말로는 이곳 자리가 원래는 절터였고, 명당자리였는데, 속설에 절터에 집을 지을 때는 무거운 기와를 얹으면 안 되었다고 한다.

영랑 생가는 1948년 영랑이 서울로 이사를 간 뒤 몇 차례 팔렸던 모양이다. 그러던 것이 1985년 강진군에서 사들여 오늘에 이르고 있다. 1992년 안채를 옛 모습 그대로 고쳤고, 1993년에는 철거되고 없던 문간채를 복원했다.

영랑의 생가 중 유독 눈길을 끄는 곳이 장독대다. 장독 기능을 한다기보다 미술의 오브제 같은 느낌을 준다. 한편의 시처럼 쓸쓸히 자리를 차지한 장독대 뒤로 몇 그루의 동백나무가 서 있다. 항간에는 영랑이 우리나라 최고 춤꾼이었던 최승희와 사랑에 빠졌지만, 부모의 반대로 뜻을 이루지 못하자 목을 매려 했다는 소문도 있다. 그 나무가 바로 동백나무였다는 것이다.

그의 생가는 20세기 초반의 일반적인 건축물의 특징을 담고 있다. 전통 한옥과 근대 건조물의 이행기에 볼 수 있는 한 형태다. 시인의 집과 '문화변용'이라는 가치가 중첩돼 있어 사료적 가치가 크다. 사랑채 앞에는 등나무와 은행나무가 에둘러 서 있다. 이리 저리 흔들리는 나뭇잎들이 시인의 시혼인 듯 느껴진다. 여름의 한날 이곳에서 영랑의 시를 읽노라면, 무더위는 저만치 물러가지 않을까 싶다.

Chapter 14
강진 하멜촌

사진 / 박성배

1653년(효종4) 8월 16일 제주도 연안에 장대비가 쏟아지고 있었다. 한치 앞도 내다볼 수 없을 만큼 세찬 빗줄기였다. 먼 바다, 태평양 공해상에서 발생한 태풍이 거대한 비바람을 몰고 제주도 방향으로 올라오고 있었다. 바다는 죽음의 세계였다. 산더미 같은 파도가 쉴 새 없이 요동을 쳤고 파도 너머로는 아무 것도 보이지 않았다. 바다는 결코 호락호락 자신의 품을 보여주지 않았다. 잔잔한 수면과 고요한 품만을 봤다면 악마적 기질이 숨어 있는 바다의 속살을 보지 못했다는 방증일 테다.

제주 연안을 지나는 국적 불명의 선박이 조각배처럼 흔들렸다. 배는 금방이라도 풍랑에 휩쓸려 버릴 것처럼 위태로워 보였다. 일엽편주. 누구나의 인생 또한 한 조각의 조각배에 지나지 않는다는 것을 폭풍의 바다를 보고 나면 절감하게 된다. 얼마쯤 시간이 흘렀을까. 배는 난파 직전 기적적으로 섬에 닿았다. 선박은 네덜란드 동인도 회사 무역선이었다. 물품을 싣고 일본으로 이동하던 중 풍랑을 만나 제주도에 정박한 거였다.

얼마 후 키가 크고 코가 큰 낯선 서양인들이 제주도에 내렸다. 그들은 장시간 운항과 풍랑과의 사투로 녹초가 되어 있었다. 그들은 배에서 내리자마자 자신들보다 머리 하나 정도 작은 조선의 수군들에게 붙잡혔다.

하멜 일행이었다. 하멜은 네덜란드 동인도회사의 아시아 담당이었다. 그는 후일 조선의 역사에서 의미 있는 위치를 점하게 된다. 그가 쓴 '하멜표류기'는 조선을 유럽에 소개한 최초의 기록이다.

당시 조선의 정세는 심상치 않았다. 안으로는 정쟁이 끊이질 않았고 밖으로는 청나라의 위협이 목전에까지 다다른 상황이었다. 내우외환의 짙은 그늘 아래 조선은 풍랑속의 조각배 같은 운명에 처해져 있었다.

낯선 이역만리 조선 땅으로 들어오게 된 하멜 일행은 비참했다. 의식주, 언어, 문화 그 어떤 것도 수월치 않았다. 더러 그들은 동물원의 원숭이 취급을 당해야 했다. 양반가에 불려가, 구경거리가 되는 것으로 연명하기도 했다. 파란눈의 이방인들은 절망과 외로움 속에서 탈출의 기회만을 엿보았다.

그러나 도주의 문은 쉽사리 열리지 않았다. 그 사이 하멜 일행은 한양으로 이송되었고 먼 강진으로까지 유배되었다. 그들은 이곳에서 장장 7년이라는 시간을 보냈다. 물론 강제 노역이라는 무거운 짐도 지워졌다. 강진에서는 왜구의 침입에 대비하기 위한 전라병영성 축조가 이루어지고 있었다. 그리고 수년 후 하멜 일행은 다시 여수, 순천 등지에 분산되었고 마침내 탈출로 이어졌다.

낯선 시공간으로 유배된 이방인

강진 병영의 '하멜기념관' 앞에는 서양인의 동상이 서 있다. 중절모를 쓴 건장한 남자가 한손은 책을 들고 다른 한손은 가까운 방향을 지시한다. 여느 동상과는 다른 포즈가 이색적인 아우라를 선사한다. 이곳을 처음 찾은 이들은 타임머신을 타고 낯선 시공간으로 유배되었다는 착각을 하기 십상이다.

이곳은 하멜을 기리는 공간이다. 기린다는 표현은 다소 생뚱맞을 수도 있지만, 커다란 동상을 설치하고 의미 있는 공간을 마련한 것은 분명 예사로운 '인물'은 아닌 것 같다. 강진군은 지난 2007년, 500여 년 전 태풍으로 떠밀려왔던 서양인을 위해 지금의 기념관을 지었다. 타원형의 전시관은 하멜이 상륙했던 섬을 상징한다. 맞은편 사각형 건물은 당시 풍랑으로 망망대해에 표류했던 스페르베르(Sperwer)를 본떴다. 얼핏 스페르베르는 머나먼 우주에서 날아와 이곳에 정착한 것 같은 느낌이 들 만큼 주위의 배경과 이질적인 조화를 이룬다.

비록 하멜이 조선에 들어와 노예와 비슷한 삶을 살았지만, 그는 세계 속에 조선을 알린 인물이다. 하멜표류기는 서양인의 눈으로 본 최초 조선의 문화 보고서다. 하멜의 노고로 조선은 서양사에 정식으로 데뷔를 하게 된다. 요즘으로 치면 '무임승차'를 한 케이스다. 지나치게 수동적이고 안으로만 움츠려 있던 조선이 타의에 의해 바깥 세상에 알리게 되는 기회를 맞게 된 것이다.

그러나 하멜이 보고서를 쓴 원래 목적은 체류 기간의 임금을 받기 위해서였다고 한다. 언급했다시피 그는 네덜란드 동인도회사 선원이었다. 당연히 힘겹고 어려웠던 점을 부각시킬 수밖에 없었을 것이다. 조선을 세계무대에 알리기 위해서든, 밀린 임금을 받기 위해서든, 그의 보고서는 오늘의 우리에게 또 한번의 선택을 강요한다. 세계인의 시각으로 보면 국내에서 벌어지는 정쟁은 '우물 안 개구리'로 비칠 수도 있다. 판단은 이곳을 둘러본 관람객의 몫이다.

새롭게 부상하는 하멜촌

500여년이 흐른 후, 하멜이 새롭게 부상하고 있다. 글로컬 시대에 발맞춰 강진 하멜기념관이 '하멜촌'으로 확장된다. 단순히 유품이나 자료를 전시하는 기념관은 더 이상 의미가 없다. 머무르고, 느끼고, 체험하는 공간으로의 변신은 그 때문이다. 네덜란드 전통 음식과 전통 맥주를 시음 판매할 수 있는 방안도 추진된다. 강진군은 총사업비 150억원(군비 90억, 군비 60억)을 들여 '하멜촌'을 조성한다. 공사가 완료되는 시점에는 튤립 정원, 옛 주거양식을 그대로 재현한 펜션 등 휴양형 테마파크가 제 모습을 드러낼 것으로 보인다. 네덜란드산 풍차가 잠자리 날개를 퍼덕거리며 이국의 정서를 선물할 날이 멀지 않다.

당시 조선의 지배층은 국제 정세에 무지했다. 서양문물을 받아들일 절호의 기회를 제대로 활용하지 못했다. 그들은 두 번의 큰 전란을 겪었음에도 매일 당쟁으로 날을 세웠다. 백성의 삶은 피폐했으며 민심은 갈가리 찢겼다.

시간이 흘러, 전라도 강진 병영에는 네덜란드가 들어서 있다. 다소 생뚱맞은 말이다. 아니, 정말로 서유럽의 선진국 네덜란드가 한켠에 자리한다. 정확히 말하면 네덜란드를 느낄 수 있는 역사의 흔적이 남아 있다.

그곳에선 거대한 풍차가 하늘을 향해 팔을 벌리고 선 모습을 볼 수 있다. 철제로 만든 서양인의 동상과도 마주할 수 있다. 커다란 방사형의 건물은 멀고 먼 은하계에서 날아온 우주선을 닮았다.

'낮은 땅'이라는 의미의 네덜란드는 가장 아름다운 튤립이 피는 나라다. 영원한 사랑이라는 꽃말을 지닌 튤립은 갯벌의 물을 빼낸 땅에서 피어난 보석이다. 흔히 네덜란드를 이야기할 때 스위스의 역사와 비교한다. 사람들은 "알프스의 나라 스위스가 산과의 투쟁에서 승리한 국가라면, 네덜란드는 물과의 투쟁에서 승리한 역사"라고 이야기한다. 풍차가 실생활은 물론 가공업에 요긴하게 쓰일 수밖에 없는 이유다.

튤립, 풍차 외에도 네덜란드 하면 떠오르는 이가 있다. 그렇다. 히딩크다! 2002년 월드컵을 계기로 친숙해진 명장 히딩크의 고향이 바로 네덜란드다. 지리적으로 먼 나라지만 심정적으로 가까운 건 그러한 연유 때문이다.

그러나, 조금만 더 생각해보자. 뭔가 머릿속에 가물거리지 않는가? 히딩크보다, 풍차와 튤립보다 많이 회자되고 많은 영향을 주었던 역사 속 인물이 떠오르지 않는가. 조선 중기 때, 풍랑을 만나 조선 땅에 상륙했던 인물 말이다. 그는 조선에서 13년 거주하다 본국으로 돌아가 이곳의 생활을 보고서로 남겼다. 헨드릭 하멜(Hendric hamel, 1630~92). 하멜 표류기('네덜란드선 제주도 난파기')의 저자로 알려진 하멜이 바로 네덜란드 출신이다.

CHAPTER 14 강진 하멜촌 · 123

전라병영성, 은행나무, 홍교

하멜기념관은 전라병영성 내에 있다. 문헌에 따르면 전라병영성은 조선 태종 17년(1417)에 축조된 것으로 1895년까지 조선조 500여 년간 전남과 제주 53주 6진을 총괄한 육군의 총지휘부였다.

병영성 성곽의 총 길이는 1,060미터, 높이는 4.87미터로 뚜렷한 성곽 모형을 유지하고 있다. 특히 이곳은 하멜이 1656년 강진 병영으로 유배된 이후 노역을 했던 곳으로 역사적 의미가 깊다.

안내판에는 하멜기념관 앞의 은행나무는 수령이 800여 년으로 추정된다고 적혀있다. 높이 30미터, 둘레 6.75미터로 천연기념물 385호로 지정돼 있다. 하멜 일행이 강진에 유배되었을 당시, 이 은행나무 근처에서 살았을 것으로 추정된다. 은행나무 그늘 아래 앉아 머나먼 고국을 그리워했을 하멜의 모습이 어딘가에 있을 것 같다.

병영면소재지에서 하고리로 가는 길목 배진강에 있는 홍교도 대표적인 유적이다. 장방형 화강석재 74개를 무지개형으로 결구하고 잡석을 채워 보강했다.(지방유형문화재 129호) 상단 중앙에 돌출된 용머리 조각은 용이 여의주를 입에 물고 머리를 치켜든 모습으로 해학적이다.

홍교와 같은 다리는 전남 지역에 많이 남아 있다. 그러나 병영성 홍교는 그 자태가 우아해 18세기 다리 중 수작으로 꼽힌다.

Chapter 15
담양 금성산성

그 도로를 지난다. 추월산에서 담양호로 이어지는 길이다. 이곳은 단아한 길의 결정체다. 산허리를 따라 곡선의 미가 내밀하게 드러나 있어 자꾸만 흘깃거리게 된다. 정교한 굴곡의 바위가 하늘을 향해 도열해 있고 어깨를 맞댄 봉우리는 주위의 풍경과 은근한 조화를 이룬다. 모든 게 하늘에서 떨어져 박힌 듯 정밀하다. 아마도 태초의 순간, 조물주는 이곳을 만든 게 아니라 흩뜨렸을 것 같다. 길과 바위와 산, 그리고 물과 풍경을 아무렇게나 흔들어 놓았는데 이곳에 맞춤한 정밀한 산하가 되었을 것 같다. 불균형 속의 균형, 불화속의 화합, 부조화 속의 조화의 기호가 읽히는 것은 지나친 비약일까.

금성산성으로 향하는 길을 걸으며 풍경과 이야기를 나눈다. 세상의 모든 풍경은 나그네를 향해 말을 걸어온다. 사실은 이 편에서 정겨운 나머지 말동무를 하자고 채근하는 게 맞을 터다. 금성산성을 휘도는 담양호를 보노라면, 문득 그 많던 빙어는 어디로 사라졌을까 의문이 든다. 투명한 물고기의 몸놀림이 미릿속에 그려진다. 한내 담양호의 빙어는 겨울 산행에서 맛볼 수 있는 진미였다. 그만큼 물이 맑다는 얘기다. 언젠가 내장이 훤히 보이는 그 파리한 물고기를 초장에 찍어 곡주와 곁들이다가, 미감에 버무려지는 잔인함에 놀라 치를 떨었던 적이 있다. 파리한 몸피 속에 깃든 생명의 순환성이 뇌리를 파고들었다. 단순히 맛으로 치부하기에는 녀석의 가녀린 몸은 이물스러웠다. 그 많던 빙어는 아마도 이곳 담양호를 지키는 어신(漁神)이 되었을지 모른다.

봄이 지나는 시간, 금성산성으로 향한다. 그 언저리에 펼쳐진 청색의 담양호를 바라보고 싶다. 방울방울 떨어지는 빗줄기를 아랑곳하지 않고 산성을 향해 잰걸음을 옮긴다. 금성산성 가는 길에 꽃은 그다지 보이지 않고 빗방울만 긋는다. 빗줄기를 피하려 이리저리 발걸음을 옮기지만 온몸으로 들이치는 비를 피할 길이 없다. 그렇다. 삶이란 아무리 피하려 발버둥을 치려해도 달려드는 빗줄기를 온몸으로 안고 가야만 하는 여정과도 같은 것이다.

눈을 들어보니 먼발치에 꽃들이 무리지어 피어 있다. 봄의 꽃은 언제나 그렇듯 아리고 서글픈 이미지를 환기한다. 단단히 언 땅을 밀고 올라오기 위해 여린 꽃씨는 얼마나 뼈와 살이 부르트는 아픔을 감내해야 했을까. 꽃과 산성. 부조화의 상징이자 조화를 초극해버린 기제의 결합이다.

꽃이 핀 산성은 불가해한 공간이다. 해석할 수 없는, 해석 저편 너머의 세계다. 꽃과 칼, 칼과 총보다 그것의 의미는 가볍지 않다. 이곳에서 피아는 무의미한 편 가르기에 지나지 않는다.

동학농민혁명군 전적지 기념비 앞에서 묵상하듯 비문을 읽는다. 아마도 비문 너머로 피어난 봄꽃은 당시에 죽어간 이들의 고운 넋이 하늘하늘 여린 생명으로 피어난 것은 아닐지. 지난 2007년 담양향토문화연구회에서 세운 기념비는 전봉준(1855~1895)을 위시한 농민군의 활약상과 장렬한 최후를 기록하고 있다. 동학의 혼이 여기에까지 이르고 있다는 사실에 발걸음이 무거워진다.

1894년 담양, 광주, 장성, 순창 지역의 1천여 명에 달하는 동학 농민군이 관군에 밀려 금성산성에 오게 된 것이 그해 12월이었다. 기세 좋게 승전을 올리던 초창기와 달리 전황은 급변하고 있었다. 사방이 포위된 데다 식량마저 바닥을 드러냈다. 농민군은 더 이상 물러설 곳이 없었다. 애당초 이 싸움은 끝이 보이는 무모한 싸움이었다. 죽창과 농기구로 무장한 농민군들이 총과 무기로 무장한 관군을 무찌른다는 것은 계란으로 바위치기에 가까웠다.

전봉준은 순창군 쌍치면 옛 친구에게 식량지원을 부탁하기 위해 밤길을 나섰다. 벗이라면 사면초가에 빠진 자신에게 도움의 손기를 내밀어 줄 거라 믿었다. 벗은 그런 존재였다. 먼 곳에서 벗이 찾아오니 이 어찌 반갑지 않은가, 라는 말이 있듯이 벗은 어떤 대상보다도 반가운 존재였다. 그러나 친구 또한 한사람에 지나지 않았다. 녹두장군은 사람은 믿음의 대상이 아니라는 사실을 가슴 깊이 알지 못했던 것이다. 전봉준은 가장 가까운 친구의 밀고로 관군에게 붙잡힌다. 결국 농민군은 마지막까지 치열한 저항을 하다 죽거나 체포되기에 이른다.

동학의 시대적 배경과 전투의 참상을 열거하고 싶지는 않다. 갑오년의 정황과 그에 따른 농민군의 봉기는 역사 시간에 귀가 따갑도록 들었다. 그보다 벗이라는 존재의 의미에 대해 생각해본다.

인디언 속담에 "친구란 내 슬픔을 등에 지고 가는 사람"이라는 말이 있다. 지금껏 이보다 친구의 본질을 명징하게 묘파한 말을 들어본 적이 없다. 친구의 고통을 함께 질 줄 아는 자만이 벗이라고 정의한 인디언들의 혜안이 그저 놀라울 따름이다.

배신은 억울한 죽음을 낳는다. 녹두장군은 파르르 떨리는 눈으로 친구의 모반을 확인했을 거였다. 삶의 무상과 공허는 늘 배신의 자리에서 피어난다. 녹두장군의 피눈물은 원대한 이상의 소멸보다 지우를 잃어버렸다는 사실에서 연유했을 터다.

금성산 어귀를 휘돌아가는 강물소리를 들으며 그는 물이 되고 싶었을지 모른다. 먼 바다에서 합일되는 물처럼 영원한 우정을 꿈꾸면서 말이다.

성터 곳곳에 서린 아픈 역사의 흔적

금성산성은 호남의 3대 산성 중 하나로 연대봉, 시루봉, 노적봉, 철마봉 능선을 따라 축조되었다. 전남의 담양 금성면과 전북 순창군의 경계를 이루는 금성산(603m)에 위치한다. 고려사절요에 언급된 것이 우왕 6년(1380)인 것을 감안하면 고려 말 이전에 축조되었을 것으로 추측된다. 전체 길이는 7345미터로 내성과 외성이 각가 859미터, 6486미터에 이른다. 임란 때는 의병의 기점으로 활용되었는데 아마도 주변을 에워싸고 있는 절벽이 요새의 기능을 해주었기 때문으로 보인다. 풍부한 수량과 정주하기에 편리한 공간 등도 장기간 전투에 대비할 수 있는 조건으로 손색이 없다. 이곳에는 동헌, 내아, 삼문, 화약고를 비롯한 시설과 일부 민가까지 갖추고 있다. 산 아래 민가와 정상까지 그리 멀지 않아 충분히 일반인들도 거주가 가능했을 것 같다.

금성산성은 돌을 축조해 만든 전형적인 석성이다. 하늘에서 바라본 금성산성은 정교한 아름다움과 특유의 견고함이 조화를 이룬다. 일반적으로 흙으로 만든 성을 토성이라 하고 나무로 축조된 성을 목책성이라 한다. 흙과 돌을 사용한 것은 토석축성, 벽돌로 쌓은 성을 전축성이라 하는데 석성으로 유명한 곳은 금성산성이다.

허나 이곳 금성산성도 동학농민전쟁과 6·25의 참화로 대부분의 시설이 불타고 동서남북문의 터만 남아 있는 실정이다. 충용문 뒤편에 자리한 3기의 돌탑은 지난 역사의 상흔과 그로 인해 스러져간 선조들의 넋을 반증한다. 돌 하나하나가 금성산성을 쌓고 지켜온 민초들의 뼈요 충정이다. 혹여 저 돌탑에 갑오년에 무참히 스러져간 농민군의 유골이 화석처럼 굳어 있을지도 모른다. 이 일대가 이천골(二天骨) 계곡으로 불렸던 연유가 새삼 짐작이 간다.

돌과 돌 사이로 드러난 남문을 지나며 성이 이렇게 아름다워도 되는지 감탄하게 된다. 세상사 가장 아름다운 곳에 가장 깊은 상처가 있는 것과 궤를 같이하는 듯해 마음이 다소 불편해진다. 충용문을 지나자 발걸음이 빨라진다. 비를 머금은 구름이 무겁게 내려앉는다. 불어오는 바람에 스민 습기가 싫지만은 않다.

드디어, 정상. 가슴이 탁 트이며 잔잔한 희열이 몸을 감싼다. 한 모금 물을 마신다. 잠들어 있던 세포가 소스라치듯 깨어난다. 산정이라고 하기에는 그리 높지 않지만 절벽을 아우르고 담양호를 거느린 탓에 산성은 꽤나 높아 보인다. 나신처럼 몸을 드리운 담양호의 물결이 흔들린다. 정밀하게 찰랑이는 물결은 세상만사 균열의 모습처럼 보인다. 산이 물을 품고 있는 게 아니라 물이 산을 품고 있는 지세다. 눈을 들어 사방을 둘러본다. 저기 저 새악시처럼 품을 연 병풍산과 엄하지만 인자한 형상의 삼인산이 눈에 들어온다. 그뿐이랴. 다함없이 무덤덤하고 침묵하는 덕성의 산, 무등산도 시나브로 시야속으로 빨려들어 온다. 이 모든 풍경이, 금성산성을 매개로 둥그런 원을 그리며 형성돼 있다.

천혜의 요새가 천혜의 풍광이 되는 역설의 미학을 목도하며, 우리 삶에 곳곳에 드리워진 산성이 아름다운 장면으로 전이되는 상상을 해본다.

"일어나, 일어나, 봄의 새싹들처럼"

언제가 읽었던 김훈의 소설 『남한산성』의 한 내목이 생각난다. 김훈이 서문에 썼던 그 뛰어난 명문을 잊을 수 없어 한동안 읊조리듯 암송한 적이 있다. 어쩌면 모든 산성은 남한산성이며 금성산성인지 모른다. 산성에 오면 성 안에서 죽음을 앞두고 싸워야 했던 이들의 절박한 심사가 전해온다.

"옛터가 병자년의 겨울을 흔들어 깨워, 나는 세계악에 짓밟히는 내 약소한 조국의 운명 앞에 무참하였다. 그 갇힌 성 안에서는 삶과 죽음, 절망과 희망이 한 덩어리로 엉켜 있었고, 치욕과 자존은 다르지 않았다."
〈『남한산성』 김훈 작가의 말에서〉

Chapter 16
담양 죽녹원

담양 죽녹원은 하나의 생태 군락이다. 대숲 맑은 생태도시라는 수사는 죽녹원이 있어 태동했다. 이곳에는 5만여 평의 부지에 왕대, 솜대, 분죽, 맹종죽 등 다양한 대나무가 자생한다. 죽녹원 뒤로는 성인산이 자리하고 앞으로는 영산강이 조붓하게 흐른다. 산과 강이 대나무를 매개로 생태의 토대를 이뤄, 이곳에 들어오는 이들에게 안락한 기운과 특유의 향취를 선사한다.

이곳에는 모두 8개의 길이 미로처럼 드리워져 있다. 어느 곳에서 들어가도 8개의 길을 만날 수 있다.

'길은 길에 연하여 끝이 없으므로'라는 프로스트의 시 구절처럼, 죽림 8길은 다양한 의미와 추억을 환기한다. 운수대통길, 죽마고우길, 사랑이 변치 않는 길, 철학자의 길, 선비의 길, 성인산 오름길, 추억의 샛길, 샛길…. 하나하나 이 길을 불러 보는 것만으로도 대숲의 일원이 된 기분이다. 죽림 8길은 각기 땅속과 깊이 연결되어 있으면서도 지면으로는 하늘과 상통한다. 뿌리에서 뿌리로 이어지는 연결성과 연대성은 대나무가 지니는 엄정의 표상이자 이런저런 세상의 호들갑을 물리치는 근기다.

공교롭게도 8길은 모두 밝음과 추억을 지향하는 것으로, 과거와 현재 그리고 미래의 시간을 모두 아우른다. 우정과 사랑, 그리움은 푸르름 속에 포태돼 동일한 이미지로 귀결된다. 흔들리는 대나무는 그 자체로 시가 되고 그림이 되고 노래가 된다. 대숲의 속살은 그렇듯 선연하면서도 이채로운 질감을 선사한다.

대숲에 부는 바람에 강물소리가 실려 온다. 서늘한 강물소리에 대숲이 흔들다. 이제 보니 죽녹원에는 추억과 밝음만 존재하는 것은 아닌 모양이다. 무수히 많은 무명한 자들의 죽음과 비애도 면면히 흐르고 있다. 죽어서도 절개를 지킨 이들이 성성한 대나무로 환생을 하고 있는 것인지 모른다. 대나무와 연계되는 역사의 지형은 그렇듯 늘 피(血)의 이미지로 전이된다. '죽창'으로 상징되는 저항과 기개 때문이리라. 그것은 이 땅, 이 강토를 지켜온 자들의 핍절한 울음이며 항거일 터다. 그러므로 대숲 8길에, 아니 대숲 9길에 '의로운 길'은 부가되어야 할 것 같다. 벌레소리와 푸른 달빛이 어우러진 풍미와 추억만을 전시하고 강제할 때, 역사는 절름발이로만 존재할 소지가 있다.

죽림은 고려가요 청산별곡에 등장하는 〈청산에 살어리랏다〉의 지향점인 이상적 공간으로 상징된다. 비록 머루나 다래로 근근이 연명할지언정 청산에 산다면 현재의 모든 고통과 절망으로부터 자유로울 수 있는 것처럼 말이다. 다른 게 있다면 청산이 고려인들의 마음속에 내재한 불가시적인 공간이라면 대숲은 바로 지금 여기, 라는 구체적인 공간성을 확보한다.

갑자기 비바람이 불어온다. 하나의 세계가 흔들린다. 대숲 전체가 흔들린다. 하나의 존재가 흔들린다. 너머에 강물이 흔들린다. 그 너머 사람의 집들이 흔들리고 사람의 마을이 흔들린다. 그리하여 비에 젖은 담록의 대숲은 강과 산 그리고 하늘과 교류하며 넉넉한 품을 내준다.

아날로그가 피워낸 죽물 특산품

담양 출신 손택수(43) 시인의 『담양 오일장』이라는 시가 있다. 한폭의 수채화를 떠올리게 할 만큼 시상이 아름답다. 유년시절의 감성에서 끌어올린 풍경은 더없이 맑고 소담스럽다. 시속 화자의 할머니는 담양 오일장에서 소쿠리 장사를 하나보다.

"습자지처럼 얇게 쌓인 숫눈 위로
소쿠리 장수 할머니가 담양 오일장을 가면
할머니가 걸어간 길만 녹아
읍내 장터까지 긴 묵죽(墨竹)을 친다
아침해가 나자 질척이는 먹물이
눈 속으로 스며들어 짙은 농담을 이루고
눈 속에 잠들어 있던 댓이파리
발자국들도 무리지어 얇은 종이 위로 돋아나고
어린 나는 창틀에 베껴 그린 그림 한 장 끼워 놓고
싸륵싸륵 눈 녹는 소리를 듣는다
대나무 허리가 우지끈 부러지지 않을 만큼
꼭 그만큼씩만, 눈이 오는 소리를 듣는다"

〈손택수 - 묵죽(墨竹)〉

할머니의 뒷모습을 바라보는 소년의 심상은 담담하면서도 애잔하다. 소년은 "습자지처럼 얇게 쌓인 숫눈 위로 소쿠리 장수 할머니가 담양 오일장을 가면, 할머니가 걸어간 길만 녹아 읍내 장터까지 긴 묵죽(墨竹)을 친다"고 노래한다.

아마도 이삼십 년 전, 눈 내리는 담양 오일장에서는 그와 같은 풍경이 그리 낯설지 않았을 것이다. 우리들의 할머니, 우리들의 어머니는 그렇게 담양장엘 갔다. 소쿠리를 팔러, 소쿠리를 사러, 새벽밥을 먹고, 먼 길을 걸어서, 더러는 터덜거리는 버스를 타고, 담양 죽물장엘 갔었다.

겨울이면 그렇게, 오일장 거리마다 긴 '묵죽(墨竹)'이 피어났을 것이며, 해가 떠오르면 질척이는 '먹물'은 짙은 농담을 이루었을 터이다.

눈을 밟고 간 발자국마다 검은 댓잎이 피어나는 고장. 담양은 그런 곳이다. 언덕마다 울창한 대나무가 숲을 이루고, 여느 숲과는 다른 독특한 질감을 선물한다. 대나무 특유의 '부드러운 직선'과 '날카로운 곡선'이 빚어내는 오묘한 조화는 담양만의 자랑이다. 그뿐인가. 뿌리에서 뿌리로 이어지는 대나무의 생명력은 이런저런 세상의 호들갑을 밀어내는 근기의 표상이다.

담양의 특산품 죽물은 전형적인 아날로그가 피워낸 산물이다. 오랜 인고의 시간을 다지고 품을 들여야만 완성되는 공예품이다. 오일장이 서면 인근의 광산 비아, 장성 황룡, 곡성 옥과, 순창 상치 등에서 사람들이 몰려온다. 월산, 수북, 봉산 등 농가에서 만든 석작, 돗자리, 소쿠리, 채반, 키도 죽물전에 집결한다. 중간상인이 외지인과 거래를 트고 몇차례 흥정이 오간다. 마침내 거래가 성사되면 농가들은 죽물을 넘기고 윗전 대전장(대전면)으로 간다. 대나무와 청죽을 파는 장이 서기 때문이다.

그러나, 모든 것은 세월에 밀려 점차 사라지나 보다. 명성이 자자했던 죽물전은 지금은 완전히 자취를 감췄다. 90년대 이후 값싼 중국제품과 베트남산이 밀려들면서 점차 설자리를 잃고 말았다. 가격 경쟁력에 밀려 아침나절 잠깐 열렸던 반짝장도 수년 전에 사라진지 오래다. 천변 아래 죽물전이 자취를 감추면서, 방천 위에서 채소나 생선을 파는 난전만 명맥을 이어간다.

담양천 둑을 따라 새벽부터 장이 선다. 간밤에 내린 비가 그쳐, 하늘은 수정처럼 맑다. 장을 여는 이들의 손길이 분주하다. 아날로그는 먼 곳에 잊지 않을 터. 오일장에 오면 이곳의 법도를 따라야 한다. 속도와 편리의 디지털 만능은 멀찌감치 밀쳐두자. 이곳에선 정학한 계수가 필요하지 않다. 덤으로 주고, 덤으로 팔며, 정을 주고, 정을 산다. 눈대중과 인심이 저울이고, 줄자다. 어정쩡한 고상과 품위는 애저녁에 밀쳐두시라. 그리하여 "껍데기는 가라. 향그러운 흙 가슴만 남고."

벌써부터 좌판마다 시끌벅적 사투리가 넘쳐난다. 할매들, 아짐들, 아제들이 늘어놓는 방언은 천상유수다. 흐르는 물이요, 불어오는 바람이라. 살아 있는 음악이요, 언어다. 새뜻한 운치가 있고, 특유의 리듬이 있다. 가만히 귀 기울여보면 그 진득한 맛에 빠지고 만다.

오일장 사람들은 담양장을 '댐앵장'이라고 부른다. 담양은 '댐앵'이라고 불릴 때 온전히 죽향(竹鄕)의 분위기를 살려낸다. 담양에서 댐앵으로 고작 한 획이 첨가된 것인데, 그 어감이 여간 구수하지 않다.

덧붙여진 한 획은 덤이다. 이편에서 더 주고 싶은 마음이 질박한 언어로 표현된 것이다.
이곳은 마트와 백화점과는 차원이 다른 난전이다. 지난 시절 우리들의 할머니, 어머니가 거쳐 갔던 마음의 장터일 터. 한때 오일장의 산물로 생계를 잇지 않던 이가 있을까. 불과 이삼십년 전만 해도 우리는 그렇게 오일장에서 나는 것으로 먹고, 마시고, 입었으며, 멋을 냈다. 불편하다, 촌스럽다, 궁상맞다, 은근히 하대하듯 무시할 일 아님은 장터가 우리들 마음의 고향이기 때문이 아닐지.
"탱글탱글한 신안 새우젓을 3킬로에 만원에 드립니다." 반복해서 들려오는 소리에 눈길이 간다. 산지에서 도매로 떼 온 새우젓인가 보다. 한입 찍어 먹으면 짭조름한 맛이 혓바닥을 적시며 목구멍으로 넘어갈 것 같다. 도로가에서 들려오는 스피커 소리를 귓등으로 흘리며, 느릿느릿 장터로 들어간다. 초입부터 올망졸망한 '과일탑'이 눈길을 끈다. 층층이 쌓아올린 사과, 배, 감이 군침을 자극한다. 디스플레이 솜씨가 보통이 아니다. 만만찮은 공력이 느껴진다. 아마도 과일 쌓는 솜씨는 오일장 할매들의 기술을 따를 이가 없을 듯하다. 박스껍데기에 매직으로 쓴 1만원이라는 글자도 선명하다.
"올해는 고치값이 말이 아니어라. 요로코롬 조은디 팔믄 하나도 이문이 안남아.", "요놈은 얼맨디?", "한근에 6천원.", "아따 조까 깎아주시요이. 먼디서 새복밥 묵고 왔응께.", "얼매나 살라고?", "한 스무 근 살란디."
고추를 두고 흥정을 벌이는 소리가 정겹다. 매운내가 살살 코끝을 간질인다. 한쪽에선 매운내를 아랑곳하지 않고 꼭지를 딴다. 평생 매운 고추를 따다보니 할매들의 손은 말린 고추처럼 쭈글쭈글하다. 그 손으로 자식들을 키우고 가르쳤다. 저 소박하고 주름진 손이 있어, 오늘 우리가 이곳에 있는 거다. 기억하라, 문명의 이기에 물든 세대여. 흙을 만지는 이들의 노고와 고귀함을 가슴 벅벅이 되새기라.

푸성귀와 나물도 푸지다. 할매들이 직접 기르고 가꿨다. 고구마, 토란, 참취, 버섯, 부추, 토란, 노각, 가지, 오이… 산, 논, 밭이 낳고 길렀다. 거기에 물, 바람, 햇볕이 부조를 했다. 손수 밭에서 솎아온 채소를 손질하는 조경순(68)씨는 오일장에서 장사를 해 자식들을 교육시켰다.
큰딸은 보건소에 다니고 둘째딸은 고등학교에서 학생들을 가르친다. 예전에 비해 장에 오는 사람들이 많이 줄었지만 그래도 이곳에 오면 사람 사는 정이 있어서 좋단다. 단골들에게 한줌씩 쥐어주는 맛이 쏠쏠하다.
"파가 영판 좋지라. 요놈 파 껍닥 벗긴 거 마수걸이 좀 해주란께." 담양읍 백동에서 왔다는 박옥순(77) 할머니가, 난전을 기웃거리는 아주머니에게 채근을 한다. "파 한 단에 얼만디요?", "3000원만 주시요이. 용돈 만들라고 집에서 조까쓱 헌 것잉께.", "그래도 광주서 여까지 왔는디 1000원은 빼줘야제.", "아따, 마트에서 파는 거하고는 틀리당께." 잠시 입씨름을 하더니 2000원에 낙찰된다. 할머니는 그 옆에 고추도 서너 개 덤으로 얹어준다.
맛있는 냄새가 발목을 붙든다. 식사 시간도 아닌데 허기가 동한다. 저편 좌판대에 줄줄이 놓인 반찬통에서 꼬순내가 풀풀 날린다. 어림잡아 반찬이 50여 가지는 될 것 같다. 젓갈류, 김치류, 장아치류, 볶음류 등 일일이 세기도 힘들다. 주인에게 물었더니 웬걸 70여 가지나 된단다. 이 많은 반찬을 준비하려면 보통의 몸공으로는 어림없을 것 같다.
"새벽 2시에 일어나 준비를 해요. 이젠 이골이 나서 눈감고도 척척 하지요."
자신의 이름이 옛날 농구선수와 같다는 아짐이 커피를 건넨다. 오리지널 시장 커피. 박신자(47)씨는 "요즘은 사람들 입맛이 까다로워져 늘 새로운 맛을 원한다. 세월 따라 변해가니 어쩔 수 없는 현상이다. 그래도 손맛 좋다는 칭찬을 들을 때가 제일로 좋다"며 "오일장은 마트에는 없는 특별한 정이 있기 때문에 사람들이 찾아오는 것 같다"고 나름의 비결을 말한다.
난전을 기웃거리다 보니 허기가 동한다. 그에 반해 머릿속은 맑아진다. 그 옛날 봇짐을 지고 팔도 산하를 돌던 보부상이 된 기분이다. 날것의 생명력이 전해온다. 하여 오일장은 느끼고 호흡하는 자의 마당이다. 다른 지역 오일장들이 개량사업으로 특유의 맛과 멋을 잃어 가는데 비해, 이곳에는 여전히 옛것이 남아 있다. 부산함과 풋풋함이 살아 있다.
모종을 파는 김묘네(68)씨는 예전의 죽물전이 흥하던 시절을 기억한다. "새벽이면 사방에서 상인들이 모여들었어요. 충청도, 강원도, 경상도에서 차를 대절하고 왔어요. 숫제 바구니가 둥둥 떠다닐 정도였으니까."
천변을 따라 올망졸망한 늘어선 가게를 따라 걷는다. 미곡상회, 떡방앗간, 장터 국밥 등 여느 시장통에서나 볼 수 있는 상호들이다. 그러나 여느 시장에서는 볼 수 없는 가게들이 있으니 국수집이 그렇다. 이 또한 담양 오일장의 명물이다.
점심을 먹기에는 다소 이른 시간이다. 그러나 참새가 방앗간을 그냥 지나칠 수는 없는 법. 우리는 국수의 거리로 터벅터벅 걸음을 옮겼다.

이곳에선 커다란 솥에 국수를 삶아낸다. 멸치와 다시마로로 끓여낸 진한 국물 맛과 쫄깃한 면발이 어우러져 식감을 돋운다. 큰 접시에 배추김치, 단무지무침, 파래무침, 콩나물무침이 한꺼번에 나온다. 불현듯 예전 기억이 스르르 밀고 들어온다. 쓸쓸했던 삼십대의 시간들이 보인다. 달리 시간을 메울 길이 없던 막막한 시절이 있었다. 이곳에 와 오일장을 구경하고, 그렇게 국수를 한 사발씩 먹곤 했다. 간혹 막걸리를 곁들기도 했다. 밭 아래로 흘리기는 강물을 보며 자작으로 잔을 채우고, 비웠다. 비운 잔을 놓기가 바쁘게 또 잔을 채웠다. 더러는 채운 잔과 비운 잔을 분간하지 못했.

국수 가락을 곡주에 섞어 삼키며, 독특한 질감에 취했다. 시간도, 청춘도, 머물지 않는 바람처럼 그지없이 흘러가거늘, 그렇게 오래도록 강물을 바라보며 허허롭게 웃곤 했다. 세상의 모든 연으로부터 단절되어버린 격절감에 휩싸였다. 그때마다 이곳 오일장에서 보았던 여러 삶의 모습을 떠올리며 위안을 삼곤 했다.

오랜 만에 잔을 채운다. 영산강의 본류, 담양천은 조붓하다. 강폭은 그리 넓지도 좁지도 않다. 매년 5월이면 이곳 담양천과 죽녹원 일대에서 대나무축제가 열린다. 2015년엔 세계대나무축제가 열렸단다. 대나무로 만든 배가 뜨고, 사람들은 아이들처럼 신이 난다. 사람들은 배를 타고 머나먼 곳으로 떠나는 꿈을 꾼다. 그러나 어느 누구도 이곳을 떠나지 못하리.

Chapter 17
장성 백양사

"사십대 문턱에 들어서면
바라볼 시간이 많지 않다는 것을 안다
기다릴 인연이 많지 않다는 것도 안다
아니, 와 있는 인연들을 조심스레 접어 두고
보속의 거울을 닦아야 한다…. 쭉정이든 알곡이든
제 몸에서 스스로 추수하는 사십대
사십대 들녘에 들어서면
땅바닥에 침을 퉤, 뱉아도
그것이 외로움이라는 것을 안다
다시는 매달리지 않는 날이 와도
그것이 슬픔이라는 것을 안다"

〈고정희 - 사십대 中〉

가을은 소리 없이 다가와, 소리 없이 마감하고, 소리 없이 겨울을 부른다. 가을은 늘 그렇게 종종걸음을 치며 내달리는 여인과 같다. 이편에서 조바심으로 발걸음을 재촉해도 눈 깜짝할 사이에 사라져버리는 여인을 닮았다. 그러므로 가을을 잡아서는 안 된다. 잡아야 한다는 생각조차도 멀리 버려야 하는 게 가을을 대하는 바람직한 자세가 될 듯하다. 은근슬쩍 흔적만을 남기고 떠나는 것 가운데 가을만큼 사람들의 마음을 애닮게 하는 대상도 없을 것이다.

늦가을과 초겨울의 아슬아슬한 경계 위를 지날 때, 가을은 아름답다. 세상의 모든 것은 꺾어지는 순간, 최고의 아름다움을 발한다. 그 찰나에 극미(極美)가 펼쳐진다. 붉은 단풍의 물오름이 멈추는 순간, 단풍은 색이 아니라 가없는 생으로 다가온다. 극미(極美)는 찰나(刹那)를 배경으로 하여야 가치가 빛나고 오랜 여운을 준다.

겨울의 길목, 백양사 가는 길에 고정희(1948~1991) 시인의 시 '사십대'가 떠오른다. 시인은 사십대 문턱에 들어서면 "땅바닥에 침을 퉤, 뱉아도 그것이 외로움이라는 것을 안다"고 했다. 사십대는 그런 나이다. 사십대는 외롭지만 외로울 수 없는 나이다. 아니 외로워서는 안 되는 시기다. "제 몸에서 스스로 추수하는" 때이기도 하지만 "보속(補贖)의 거울을 닦아야" 하는 나이이기도 하다. 겨울이 오기 전에, 메마른 계절이 오기 전에 지나온 시간을 들여다봐야 할 이유가 여기에 있다. 터벅터벅 걸음을 옮기며 시인이 노래했던 사십대라는 삶의 무게를 벅벅이 되새겨본다.

필자의 사십대도 이제 곧 저문다. 다람쥐 쳇바퀴 달려왔던 지난 시간도 있었고, 뜨거운 열정에 사로잡혀 한동안 글쓰기에 매달린 시간도 있었고, 오매불망 잠 못 이루며 무언가를 그리워했던 시간도 있었다. 그리고 한 인간으로서의 미약함과 나약함을 뒤늦게 깨닫고 다시 신앙의 자리로 돌아오기도 했다. 사십대는 그렇게 다양한 무늬와 색깔이 뒤섞인 이미지를 드리우며 지나가고 있다.

가을의 백양사는 진입로부터 시작된다. 당연한 말임에도 이 말을 꺼내는 것은 진입로부터 이미 방외인들을 무아의 지경에 빠뜨리기 때문이다. 매표소에서 경내에 이르는 2킬로미터 남짓 거리는 단풍으로 화사하다. 유유히 흐르는 물길처럼 곡선의 길은 운치가 있어 그 물길을 따라 걷다 보면 내면에 맑고 차가운 물길이 하나 드리워진다.

백양사 단풍은 가장 붉다고 정평이 나 있다. 붉다는 것은 모든 아름다움을 흡입하는 마력이 있다는 다른 표현이다. 지극한 수사나 과대한 상찬보다는 평이한 수사가 오히려 극적인 효과를 연출할 수 있지 않은가. 이곳은 한국의 아름다운 길 100선에 들 만큼 정취가 뛰어나다. 모름지기 단풍은 엄정한 섭리의 반영이다. 여름이 지나고 가을의 문턱에 들어서면 잎은 생장을 멈춘다. 멈춘다는 것은 외형적인 성장이 정지된다는 뜻도 있지만, 역설적으로 또다른 세계의 성장을 견인한다는 이율배반의 의미도 담고 있다. 각설하고…. 생물학적인 관점에서 단풍은 나뭇잎이 스스로 엽록소를 분해하면서 안토시안이라는 물질을 생성하는데, 이 과정에서 붉게 물이 든다.

백양사의 단풍이 전국에서도 손가락에 꼽히는 것은 애기단풍 때문이다. 여느 곳의 단풍보다 잎이 얇

고 가늘어서 형형색색의 빛을 받아들인다. 그로인해 빛이 투과되는 시점에 애기단풍은 특유의 영롱한 빛을 발한다. 단풍철이면 밀물처럼 밀려오는 인파로 몸살을 앓는 이유다. 등산객들의 울긋불긋한 옷차림으로 가을산이 물들고, 애기단풍으로 산사는 발그레 물들고, 이것의 풍경을 보고 반한 사람들의 마음도 오색으로 물든다.

터벅터벅 걷는 걸음에서 세상의 시름을 잠시 놓는다. 이런 저런 번다한 생각들이 불어오는 바람에 흩어진다. 그 시름을 놓은 자리에 지난날의 나를 내려놓는다. 지난날의 '쭉정이' 같은 나를 버리고 '알곡'의 나를 찾는다. 하여 지금까지 달려왔던 인생의 행로를 찬찬히 훑어보고 앞으로의 지도를 들여다본다.

문헌에 따르면 백양사는 조계종 18교구 본사이자 5대 고불총림 중 하나다. 지금으로부터 1400여 년 전, 백제 무왕 33년(632)에 여환조사가 세웠다. 백양사가 호남불교의 요람지로 불리는 까닭은 유서 깊은 전통과 훌륭한 큰스님들이 수행한 도량으로 자리하고 있기 때문이다.

창건 당시는 백암사로 불리었지만 조선 선조 7년 환양선사가 백양사로 이름을 고쳤다. 일설에 백양사란 하얀 양을 제도한 데서 유래되었다고 한다. 조선 선조 때 환양선사가 영천암에서 금강경을 설법하는데 수많은 사람이 구름처럼 몰려들었단다. 법회가 3일째 되던 날 하얀 양이 내려와 스님의 설법을 듣는 게 아닌가. 7일간 계속되었던 법회가 끝나던 날 밤, 스님의 꿈에 며칠 전에 설법을 듣던 흰 양이 나타났다. 그러면서 하는 말 '저는 천상에서 지를 짓고 축생의 몸을 받았는데 이제 스님의 설법을 듣고 업장 소멸하여 다시 천국으로 환생하여 가게 되었다'며 절을 하더란다. 이튿날 영천암 아래에 가보니 흰 양이 죽어 있었다는 것이다. 그 이후 절 이름이 백양사라 불리게 되었다는 것이다. 하나의 설화는 이처럼 아름다운 역사로 전이된다.

백양사를 오늘에 있게 한 이는 만암 종헌(1876~1956) 대선사다. 전북 고창 출신인 만암은 13세에 입산해 백양사에서 득도한 후 암자를 전전하며 수행했다. 이후 그는 한국 불교를 정화하고 생활화하는 데 진력했다. 백양사에서 오래 머물러 목양산인(牧羊山人)으로 불리기도 했다.

조계종 5대 종정을 지낸 서옹(1912~2003) 스님은 '참사람 운동'을 주창했다. '참사람'은 삶의 현장에서 지혜를 실행하는 사람이라는 뜻을 지닌다. 서옹 스님은 백양사를 참선수행 도량으로 개방해 불교와 대중의 거리를 좁히는데 심혈을 기울였다.

특히 백양사의 총림선원인 운문암은 참선도량으로 널리 알려져 있다. '북 마하연 남 운문'이라는 말이 있을 만큼 수행의 도량으로 손색이 없다. 조선의 소요, 진묵 스님 등도 이곳에서 정진했고, 일제 때는 석전, 고암 스님 등이 상주 수행한 곳이기도 하다.

평일인데도 백양사 경내에는 사람들이 적지 않다. 오색단풍이 물드는 이 무렵이면 사람들은 세상에서 가장 화려한 색의 향연을 즐기기 위해 발걸음을 재촉한다. 애기 단풍도 보고 백암산에 오르기 위해서다. 단풍이 빚어내는 풍경이 형형색색의 등산복 차림과 뒤섞여 색연(色宴)을 펼친다. 덩달아 이편도 울긋불긋 물들어 붉게 변해버릴 것 같다.

쌍계루는 '백양제일경'이라 칭송을 받을 만큼 수려한 곳이다. 물에 비친 영상은 이곳이 선계인지 속계인지 경계를 가늠할 수 없게 만든다. 호흡 같은 미세한 바람이 불어오자 가녀린 단풍이 저마다 빛을 발하며 뒤채인다. 허공 가득 흩날리는 색엽(色葉)의 소묘!

백양사 뒤편을 배경으로 기세 좋게 솟아오른 희고 단단한 암봉들이 눈길을 끈다. 최고봉인 상왕봉

(741m)이다. 준마처럼 훤칠한 이 봉우리는 내장산 줄기와 맞닿아 있다. 주의의 사자봉, 백학봉의 기암괴석과 어울려 애기 단풍 못지않은 절경을 선사한다.

기암기봉을 바라보며 잠시 다리쉼을 한다. 이곳이 선계인가, 지상인가. 앙증맞은 어린아이 손바닥 크기 만한 잎들이 눈앞에서 반짝이며 손짓을 한다. "보속(補贖)의 거울을 닦는" 심정으로 나를 돌아본다. 오색빛 그늘 숲속에서 지나왔던 시간들을 조용히 불러본다. 같은 듯 같지 않는, 그 어떤 것도 제각각인 풍경을 바라보며 '화이부동'(和而不同)의 미를 꿈꾼다.

Chapter 18
장성
필암서원

문불여장성(文不如長城)

"글과 학문이 장성만 못하다"라는 뜻이다. '문불여장성'은 장성을 상징하는 대표적인 수사로 지역의 자부심을 드러내는 말이다.

장성은 산이 높고 골이 깊은 고장이다. 일설에는 주위에 입암산성과 고창산성 같은 긴 성이 많아 '장성(長城·긴 성)'이라고 칭해졌다고 한다. 이러한 지리적인 여건 탓에 조선시대에는 손꼽히는 유학자들이 유배를 오기도 했다. 또한 당대의 대표 유학자들은 학문을 논하고 교분을 나누었다. 필암서원(하서 김인후), 고산서원(노사 기정진), 봉암서원(망암 변이중)은 장성의 학문이 얼마나 깊고 선비정신이 강직한지를 보여주는 단적인 사례다.

지난 장성 출신 문인들의 대표적인 작품과 활동을 집대성한 책이 출간돼 화제다. 장성문인협회(회장 박형동)가 발간한 '장성문학대관'(세종기획)은 '문불여장성'을 여실히 보여주는 결과물로 평가된다. 전국적으로 특정 지역의 문학작품을 모아놓은 책자가 몇 군데 있지만 다양한 내용과 역사, 의미를 종합적으로 담아낸 것은 장성문학대관이 처음이다.

책에는 150여 명의 작가와 500여 편의 작품이 실려 있다. 근대문학은 1908년 이후 출생한 문인들의 작품 그리고 조선시대는 유학자들의 평론을 중심으로 구성돼 있다. 수록된 문인들의 면모도 다채롭다. 장성문불여 앞자리에 놓이는 하서와 노사, 한국 신문학을 연 김우진, 남도문학의 대부 박흡, 북한 최고의 계관시인으로 평가받는 오영재, 한국 수필문학의 태두 이상보, 한문학의 국보적 존재 변시연을 비롯 80년간 하루도 빠짐없이 일기를 쓰다 가신 '장성문학의 아버지' 김병효 등 다양한 장르의 문인들이 망라돼 있다.

"학문과 절의, 문장을 갖춘 사람"

장성의 여러 곳 중에서도 필암서원에 갈 때면 학문과 문장의 고장 장성에 대한 흠모의 마음이 우러난다. 문을 숭상하고 문을 경외한다는 것은 문이 지지하고 지향하는 정신을 오늘의 시대에 받들자는 의미와 다르지 않을 터다. 옷매무시를 한번쯤 다잡아보게 되는 이유와도 무관치 않다.

타임머신을 타고 조선 시대로 회귀한 기분이다. 고풍의 건물은 시간의 흐름과 무관하게 향기를 발하며 자리를 지키고 있다. 오늘의 장성이 추진하고 있는 '옐로우 시티', 이른바 황색 이미지와 잘 어울리는 분위기다.

하서 김인후는 장성의 브랜드다. 청백리인 박수량과 함께 가장 전면에 내세워야 할 인물이다. 필암(筆巖)서원은 김인후가 배향된 곳으로 조선시대 서원의 전형을 유지하고 있다. 일설에는 인근에 붓 모양을 닮은 바위가 있어 서원의 명칭을 필암으로 지었다고 한다. 서원과 붓은 학문을 상징하며 붓 바위는 이를 보증한다. 그것이 논리적인 연관성이 있든 없든 붓 바위는 선비의 고장과 '문불여장성' 이미지를 포섭한다.

붓 바위는 황룡면 맥동 입구에 있다. 조선 영조 때 병계 윤봉구가 글씨로 '필암'이란 글자를 조각했다고 한다. 아마도 장성이 문향, 선비의 고장으로 불리는 연유가 예에서 비롯된 듯하다. 일설에 "이 바위의 기운을 받아 조선의 유학자 하서 김인후가 태어났다"고 한다. 뒷산의 정기든 바위의 영험함이든 시대가 낳은 인물의 탄생에는 범상치 않은 스토리가 뒤따른다. 스토리는 늘 모티브가 있기 마련이어서 당대를 넘어 미래의 콘텐츠를 배태하는 힘을 갖는다. 어쨌든 바위의 실존은 한 인물의 탄생 설화에 영향을 미쳤다는 것인데, 달리 말하면 걸출한 인물이 출생하기 위한 환경이 충분히 성숙되었다는 뜻일 터이다.

언급한 대로 필암서원은 조선시대 선조 23년에 유학자 하서 김인후(河西 金麟厚·1510~1560)와 그의 사위인 고암 양자징을 기리기 위해 건립됐다. 서원에 장인과 사위가 동시에 배향된 것은 이례적이다. 일반적으로 가깝고도 먼 사이가 장인과 사위의 관계다. 그럼에도 돈독하게 학문을 논하고 학풍을 진작했다는 것은 그 사실만으로도 귀감이 된다.

문헌에 따르면 김인후는 1540년 과거에 급제해 벼슬길에 올랐다. 세자의 교육을 담당하는 시강원설서에 임명돼 당시 세자였던 인종을 가르치기도 했다. 그러나 인종이 보위에 오른 지 8개월 만에 병사하는 불운을 겪는다. 이후 을사사화의 광풍이 불고 많은 이들이 고초를 당한다. 김인후는 벼슬을 그만두고 고향으로 돌아와 학문 정진과 후학 양성에 진력을 다한다. 그의 학문과 절의는 후세의 높은 평가를 받는데 특히 정조는 "학문과 절의와 문장에 있어서 이를 다 갖춘 사람은 김인후 한 사람뿐이다"라 하며 그의 식견과 됨됨이를 칭송했다.

필암서원은 1590년 장성읍 기산리에 세워진 후 정유재란 때 불에 타버려 1624년에 다시 지어졌다.

이후 효종 10년(1659)에 필암서원으로 사액되었으며 1672년에 지금 위치로 옮겨졌다. 필암서원이 효종 때 사액을 받았다는 것은 그만큼 조정으로부터 신뢰를 받았다는 사실을 보여준다. 사액(賜額)의 사전적 의미는 "임금이 사당, 서원(書院) 등에 이름을 지어서 그것을 새긴 액자를 내리는 일"을 일컫는다. 나라의 공인을 받아 현판(懸板), 노비 등을 하사받는다는 것은 그만큼 교육기관으로서의 지위와 수준을 인정받았다는 증거다.

필암서원은 '전학후묘(前學後廟)'의 구조다. 전면에 학당이, 후면에 제사를 지내는 공간이 배치돼 학문과 배향을 함께 한다는 의미가 조화롭게 구현돼 있다. 서원 내에는 수업이 이루어지는 청절당, 학생들의 생활 공간인 동재와 서재가 자리한다. 가장 눈에 띄는 공간은 서원의 입구인 확연루다. 이곳을 출입하는 이들에게 학문을 닦는 엄정한 자세의 중요성을 일깨운다. 편액은 우암 송시열의 글씨로 고졸하면서도 고아한 정취를 발한다.

일반적으로 서원의 기능은 제사와 교육으로 집약된다. 배향된 인물을 기리고 학풍을 이어가는 것이 존립의 근거다. 당시에도 교육열은 대단했던 모양이다. 서원은 지금으로 말하면 사립 고등학교와 같은 곳이다. 조선시대에는 지방의 국립교육기관인 향교가 있었지만 그것만으로는 늘어나는 교육열을 다 충족시킬 수 없었다. 교육 열기가 지금 못지않게 강해 부모들은 앞 다투어 자녀들을 서원에 보내려고 했다. 이곳에서 공부를 해야 나중에 성균관에 진학할 수 있었다. 교육이 시대를 초월해 많은 이의 관심 대상이 되는 것은 바람직한 일이다. 적어도 입신과 출세라는 줄타기에 매몰되지만 않는다면 말이다.

안내문에 따르면 당시에는 지금과 달리 15일제 수업이 이루어졌다. 지금의 5일제와는 다른 시스템이었다. 보름 만에 각자 공부한 내용을 가지고 스승과 마주한 상태에서 문답식 토론을 한다. 시간 때우기나 겉핥기가 아닌 제대로 된 공부가 이루어진다. 찍기나 단순한 외우기로는 과정을 따라갈 수 없었다.

유생들의 활발한 교류는 자연스런 여론의 결집으로 이어졌다. 지방 곳곳에서 수재들이 모이다 보니 그들만의 리그가 결성되기 마련이었다. 그러다 보니 병폐가 없을 수밖에 없었다. 여론이 모이는 곳은 당연히 세가 결집되고 편 가르기가 일어났다. 당시의 많은 서원은 교육의 본래적 기능과는 무관하게 정치적인 성향을 드러냈다. 토지를 소유하고 면세·면역의 특전을 누리면서도 붕당을 일삼았다. 본래의 기능과 동떨어진 행태는 심지어 양민을 토색하는 지경에까지 이르렀다.

통치자의 입장에서는 언로를 통제하고 길들이고 싶은 유혹이 생길 수밖에 없다. 당시에 일반적인 서원의 모습은 '당론의 소굴'이나 마찬가지였다. 당연히 외풍이 불어올 여지를 스스로 열어두었다.

결국 1868년 흥선대원군은 서원 철폐령을 내린다. 전국의 47곳만 남기고 문을 닫게 했다. 지금의 학교를 폐교하는 기준과는 다소 동떨어진 면이 없지 않으나 폐단을 두고 볼 수만은 없었던 모양이다. 그럼에도 필암서원은 통폐합의 위압에도 불구하고 생존할 수 있다. 본래의 학풍을 진작시키고 배향 인물을 기리는 기능을 충실히 수행했다는 얘기다.

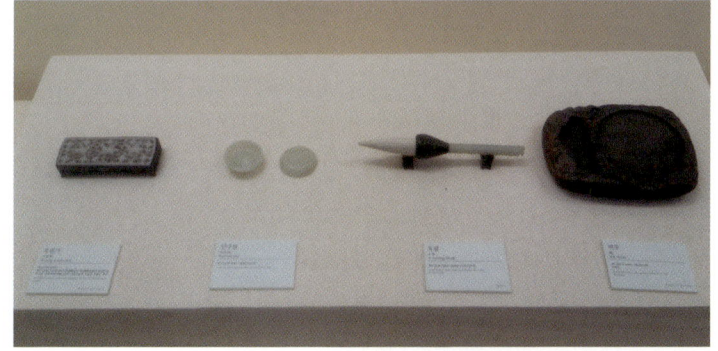

Chapter 19
목포 유달산

목포는 다양한 이미지를 지닌 도시다. 아니 항구다. 그러나 비단 흔히 말하는 항구만은 아니다. 예항(藝港)이면서 의항(義港)이 바로 목포다. 왜 그러한지 목포 자랑 한번 들어보시라.

목포를 알기 위해서는 유달산을 올라야 한다. 그곳에 가면 목포가 왜 예항과 의항인지를 알게 된다. 무엇보다 유달산에는 국내 최초 야외 조각공원이 있다. 푸른 잔디를 배경으로 100여 점의 작품들이 전시돼 있는 이곳은 조각 예술의 보고다.

인근에는 난전시관, 자생식물원도 있어 문화와 융합된 자연의 아름다움을 감상할 수 있다. 가장 문화적인 것이 생태적인 것이며, 가장 생태적인 것이 문화적이라는 사실을 접할 수 있다.

유달산은 흔히 '호남의 개골'이라고 불린다. 병풍을 에두른 듯한 단애와 이국적 형상으로 솟아오른 기암괴석이 앞서거니 뒷서거니 벗하며 삼학도 앞바다를 향하고 있다. 노령산맥의 육중한 줄기가 무안반도 남단을 이국적으로 장식한 곳이 바로 유달산이다. 다른 남도의 산에 비해 높은 편은 아니지만 서남해의 바다 끝자리를 지키는 수문장의 역할을 한다. 먼 곳에서 바라보면 유달산이 점하는 위치는 동양화 화폭의 화룡정점과도 같은 이미지를 던져준다. 이곳에는 유선각, 달성각 등 5개의 정자가 자리하고 있어 어느 곳에서든 유달산의 운치를 만끽할 수 있다. 유달산 초입에서부터 알 수 없는 기운이

느껴진다. 목포인들의 기질이까? 아니면 남도인들의 기상일까? 쉬이 범접할 수 없으되 그럼에도 어울리고 나면 스스럼없이 하나가 될 수 있는 그런 분위기가 흐른다. 기암절벽 산정에서 보내는 불편하면서도 느꺼운 이율적인 자장은 예술은 무엇이며 항구의 본질은 무엇인지를 숙고하게 한다. 누구나 쉽게 유달산을 오르지만, 산의 정령은 쉬이 출입을 허하지 않아 보인다. 지고한 예술의 세계, 의(義)의 정신은 가벼이 도달할 수 있는 실체가 아니다. 목포가 의항이며 예항으로 불리는 데는 그만한 값을 지불했다는 의미다.

유달산을 오르는 이들은 옷매무새부터 단정히 하자. 이곳은 산하 곳곳에 뻗어있는 흔한 산줄기가 아니다. 굵은 산줄기마다 선조들이 피로 지켜낸 의로움이 스며있다. 그러므로 유달산에 오르는 이들은 당신을 굽어보는 한 사내와 한 여인을 알현해야 한다는 사실을 잊어선 안 된다. 이순신과 이난영. 성웅(聖雄)은 노적봉의 신화를 일구었으며, 가왕(歌王)은 목포의 눈물로 많은 이들의 가슴을 적셨다. 삶은 누군가를 기리냐에 따라 내적 부요가 달라지는 신비로운 여정이 아니던가.

눈앞의 노적봉은 유달산을 지키는 초병이다. '노적봉 신화'는 임진왜란 당시 군량미를 과장하기 위한 전략에서 비롯되었다. 이순신은 서해로 진격하는 왜선을 격파하기 위해 이곳을 짚과 섶으로 둘렀다. 봉우리는 산더미처럼 쌓인 곡식더미로 둔갑했다. 그 즈음 영산강에 푼 횟가루로 바다는 쌀뜻물이 떠내려 온 것처럼 온통 새하얬다. 적들은 제대로 싸워보지도 혼비백산했다. 이역만리 해역의 푸른 바다가 그들의 무덤이 되었다.
승전의 그 밤, 이순신은 그러나 편치 않았다. 그는 달빛에 물든 노적봉을 바라보며 곡주를 들이켰을지 모른다. 머잖은 장래에 다가올지도 모를 가혹한 운명을 예감했을 수도 있다. 승리를 승리로 인정하지 않고 모반의 연장선으로 곡해하던 모리배들이 조정에 넘쳐나던 시대였다. 역사에는 늘 반(反)의 무리가 있었다. 진실을 뒤엎으려는 이들, 바름을 곡해하는 이들, 순리를 거스르려는 이들은 어느 시대고 있어왔다. 그럼에도 우리들의 순신은 덕을 겸비한 무인답게 묵묵히 자신의 길을 걸어가고자 했다. 그는 칼을 쥔 자의 명예와 자존을 지키고 싶었다. 장수는 말보다는 행위로 진정을 보여줘야 한다는 것을 누구보다 잘 알고 있었다. 그의 노적봉 신화가 여전히 기억해야할 역사로 회자되는 것은 그 때문이다. 결국 세 치 혀로 이순신을 능멸하고 곡해했던 모리배들의 세상은 그리 오래 가지 않았다. 역사에 에누리가 없다는 것을 순신의 생애가 증명한다. 이곳에서 벅벅이 되새겨야 할 것은 작은

싸움에 졌다 하여 의기소침해하거나 포기해서는 안 된다는 역설의 진리다.
바람을 따라 어디선가 익숙한 가락이 밀려온다. 귓가를 맴도는 단조의 곡조는 비감하고 애련하여 가슴을 저민다. 홀로 노적봉을 마주하며 조선의 앞날과 자신의 운명을 숙고하던 이순신의 가슴에 흐르던 심회의 가락이 이러했을지 모른다. 곡조는 백 마디의 말보다 더 강한 울림으로 흘러든다.

사공의 뱃노래 가물거리면
삼학도 파도깊이 스며드는데
부두의 새악씨 아롱 젖은 옷자락
이별의 눈물이냐 목포의 설움

이난영(1916~1965)의 〈목포의 눈물〉은 언제 들어도 구슬프다. 〈목포의 눈물〉이 목포만의 노래가 아닌 것은 남도인들이라면 누구나 공감할 터이다. 아마도 이순신과 이난영은 목포의 눈물을 매개로 윤회의 연을 맺고 있는지 모른다. 그들의 생애 이면에는 동일하게 일본의 침략으로 상징되는 아픔의 역사가 자리하고 있으니 말이다.
〈목포의 눈물〉이 탄생한 배경은 1935년으로 거슬러 올라간다. 당시 조선일보가 신민요 노랫말을 공모했는데, 문일석이라는 무명 시인이 〈목포의 사랑〉이라는 제목으로 응모해 당선되었다. 당시 오케레코드의 사장이었던 이철은 이 노랫말에 단단히 필이 꽂혔다. 제목을 〈목포의 눈물〉로 바꾼 그는 작곡가 손목인의 곡을 입혀 이난영이 취입하도록 했다.
이난영 특유의 비음과 애상의 창법은 남도인의 심성 깊은 곳에 자리한 무언가를 건들었다. 사람들은 그녀의 노래에서 남도 판소리 가락에서 느끼는 한을 감지했다. 후일 이 노래는 김대중대통령의 애창곡으로뿐 아니라 호남을 연고로 하는 프로야구팀 해태 타이거즈(기아의 전신)의 응원가로도 불려진다. 사람들은 말한다. 이난영의 노래에는 일제에 침탈당했던 우리 민족의 설움과 핍절했던 서민들의 아픔이 투영되어 있노라고. 그러므로 〈목포의 눈물〉은 목포의 눈물만이 아니다. 목포의 눈물을 기억하는 이들과 그 의미를 실답게 되새기며 '눈물'을 '미소'로 바꾸려는 이들 모두의 노래이자 바람인 것이다.

철학자 플라톤은 『국가』에서 '음악은 영혼과 성격을 형성한다'고 했다. 그것은 무서운 말이다. 이 세상에 영혼과 성격을 형성하게 할 만큼 강력한 그 무엇이 있을까. 아마도 가락은 뇌리와 유전자에 파고들어 한 사람과, 한 민족, 한 국가의 본질을 강제하기 때문일지 모른다. 굳이 플라톤의 말이 아니더라도 음악이 사람을 만드는 것은 재론의 여지가 없다. 언어가 끝나는 모든 곳에서 음악은 시작되고, 언어가 시작되는 곳에서 또한 음악은 시작된다. 뿐이던가, 세상의 수다한 소음 이면에도 음악은 존재한다. 표현할 수 없는 모든 것들을 음악은 표현하고, 사랑할 수 없는 모든 것들을 사랑하게 하며, 죽을 수밖에 없는 절체절명의 순간에도 음악은 생명을 틔운다.

삼백년 원안품은 노적봉 밑에
님자취 완연하다 애달픈 정조
유달산 바람도 영산강을 안으니
님그려 우는 마음 목포의 노래

노래비는 유달산 중턱, 먼 바다를 굽어보는 자리에 서 있다. 귓가로 흘러든 노래는 심장에 깃들어 마음을 울려댄다. 노래비 앞에서 걸음을 멈추고 눈을 감는다. 가왕에 대한 예의다. 그러나 가왕은 보이지 않고 애절한 가락만 유달산을 휘감고 가뭇없이 사라진다. 구슬프다기보다는 애처롭고, 처량하다. 그러나 품위와 깊이가 넘치는 목소리는 먼 바다로 흐른다. 영혼을 건드리는 숙명의 소리다.

이곳에서는 노적봉뿐 아니라 저 멀리 영산강 하구언, 하당 신도심, 대불산단까지도 한눈에 들어온다. 뇌리에 영원히 인화해두고 싶을 만큼 그림 같은 풍경이다. 오래도록 눈에 담고 그려보고 싶은 풍광이다. 산허리를 휘감은 곡조는 북항을 넘어 먼 바다에까지 메아리친다. 이난영의 노래는 유달산이 생기기 이전부터 이곳 어느 계곡에서 샘처럼 흘러나왔을 것만 같다.

목포의 눈물이, 남도의 눈물이 기쁨의 눈물로 바뀔 날은 언제일까. 한때 보이지 않는 소외와 배제가 횡행하던 시대가 있었다. 이난영의 시대나 이순신의 시대나 그리고 오늘의 시대나 별반 달라지지 않았을지 모른다. 아마도 인류가 지속되는 한 그런 비인간적인 행태는 없어지지 않을 것이다. 경계와 차별은 인간 세상을 지배하는 강력한 코드가 된 지 오래다. 남도는 오랫동안 '아롱 젖은 옷자락'을 부여잡고 소리 없이 눈물만 흘렸다. 얼마나 더 깊이 눈물을 삼키고, 얼마나 더 깊이 속울음을 저며야 남도의 눈물이 마를까. 저 멀리 기다란 항적을 남기고 떠나는 배만이 '우문'에 대한 답을 알고 있을지 모른다. 진정한 무인이 그리운 시대에, 진정한 가왕이 그리운 시대에, 유달산에서 그 답을 헤아려 본다.

Chapter 20

광주
박용철시인 생가

가끔 삶이 해독 불가능한 지도 같다는 생각이 들 때면 박용철의 〈떠나가는 배〉를 되뇌었다. 그 '떠나가는 배'에 올라타면 쓸쓸하고 고단한 삶의 정글로부터 잠시 놓여날 수 있을 것 같은 착각이 들었다. 그러나 후일에야 나는 기항지 없이 떠나가는 배의 운명이 얼마나 가혹한 풍파에 휩쓸리게 되는지를 알게 되었다. 생을 구원해 줄 판타지는 결코 존재하지 않았다.

그럼에도 강고한 자본에 포획된 세상은 여전히 판타지를 부추긴다. 저 풍요의 세상을 향해 돛을 올리라고…. 그리하여 내면의 안위까지도 세수하는 냉혹한 시장은 욕망을 세일하고 시간을 대출한다. 세상의 바다에서 물질의 풍요를 포획하려는 것이야말로 대부분의 범인(凡人)이 꿈꾸는 것일 터였다. 그러나 물질의 풍요는 피나는 노력 외에 절묘한 운과 복잡한 변수가 결합되어야 가능한 법이었.

용아(龍兒)의 생가 가는 길, 마른장마가 맹위를 떨친다. 비는 오지 않고 바람 한 점 불지 않는다. 구름에 가린 볕 사이로 아지랑이가 피어오른다. 여전히 세상은 고루하고 삶은 빈한하다. 시절은 수상하고 결핍은 가혹하게 일상을 옥죈다. 어디론가 떠나는 것만이 능사인 듯하다.

하여 돌담길 고샅을 들어서며 그의 '떠나가는 배'를 읊조린다. 시 속의 화자에게 떠남은 번민과 갈등을 환기하는 기제일 거다. 거기엔 일제 치하의 억압적 현실을 벗어나고자 하는 내밀한 욕망이 드리워져 있다. 한편으론 눈에 밟히는 고향 산천을 두고 차마 떠날 수 없는 화자의 아릿한 마음이 담겨 있기도 하다. 길항의 틈바구니에서 화자는 고독하고 슬펐을 것이다.

나 두 야 가련다.
나의 이 젊은 나이를
눈물로야 보낼 거냐.
나 두 야 가련다.

아늑한 이 항군들 손쉽게야 버릴 거냐.
안개같이 물 어린 눈에도 비최나니
골짜기마다 발에 익은 묏부리 모양
주름살도 눈에 익은 아, 사랑하던 사람들.

버리고 가는 이도 못 잊는 마음
쫓겨가는 마음인들 무어 다를 거냐.
돌아다보는 구름에는 바람이 희살짓는다.
앞 대일 언덕인들 미련이나 있을 거냐.

나 두 야 가련다.
나의 이 젊은 나이를
눈물로만 보낼 거냐
나 두 야 가련다. 〈박용철 - 떠나가는 배〉

박용철은 1904년 광주시 광산구 소촌동에서 태어났다. 광주보통학교를 졸업하고 배재고를 거쳐 16세의 나이로 일본 유학을 떠난다. 도쿄 외국어대에 입학했으나 관동 대지진으로 학업을 중단하고 귀국한다. 이후 연희 전문학교에서 수학하였지만 얼마 후 자퇴를 하고 창작에 전념한다.
그는 문학천재였다. 〈싸늘한 이마〉, 〈밤 기차에 그대를 보내고〉와 같은 시 외에도 〈시적 변용에 대해서〉와 같은 평론과 세익스피어의 『베니스의 상인』, 입센의 『인형의 집』을 번역했고 괴테, 릴케, 하이네 등과 같은 독일 시인의 시를 번역하기도 했다. 뿐만 아니라 극예술연구회 회원으로 활동했으며 김영랑, 정지용과 더불어 월간 문예, 문학 등의 잡지를 창간하기도 했다. 그런데 불행하게도 그는 서른네 살이라는 젊은 나이에 생을 마감하고 만다. 순수와 단아의 이면에 가려진 문학에 대한 열정이 부지불식간에 생을 갉아먹은 것인지 모른다. 짧은 생애를 살다간 그에게 천재는 요절한다는 지극히 상투적인 표현이 온당한지 자꾸만 의문이 든다.
야트막한 돌담을 에돌아 초가집 안으로 들어서자 정겹고 소박한 내부가 펼쳐진다. 짚으로 곱게 이엉을 엎은 초가지붕 아래 하오의 적요가 내려앉아 있다. 그 적요를 배경으로 고요라는 마당과 쓸쓸함이라는 마루가 기다랗게 놓여 있다. 정원은 투박하기 이를 데 없어 가꾸지 않은 티가 역력한데 가꾸지 않았다기보다 '있는 그대로' 두었다는 표현이 맞을 것 같다. 봄날에 다투듯 꽃망울을 피워 올렸을 동백과 철쭉과 목련만이 버성기듯 키를 높이고 있다. 시인은 어디에 있는가. 그의 영혼은 아직도 다 쓰지 못한 시를 쓰느라 이곳 정원 어딘가를 거닐고 있을 것 같다. 이 고요의 정원에서 고작 서른네 살을 살다간 너무도 짧았던 생애로 스스로 시인임을 증명했던 그를, 나는 하염없이 기다린다.

뒤란으로 발길을 옮기며 잠시 '순수'에 대해서 생각한다. 시문학을 창간한 순수시의 기수. 박용철과 동음이의어가 된 이 고유명사는 더러 시를 해석하는 관점에 따라 해석하는 이의 사상의 지형에 따라 각기 다른 평가를 강제한다. "현실도피다", "인간성의 발현이다" 등등…. 문학과 현실과의 관계에 따라 순수성의 정당성에 대한 견해는 명백하게 엇갈린다. 그러나 어떠한 논리의 표방이든 일제 치하 암울한 현실에서 '떠나가는 배'를 통해 답답한 마음을 토로하고자 했던 시인의 순수한 마음만큼은 훼절되어서는 안 될 것 같다.

박용철은 1930년대 이전의 앞선 세대와는 분명히 다른 감수성과 새로운 시작(詩作)으로 순수 서정을 구현했다. 그는 대표적인 시론「시적 변용에 대하여」에서 "시인을 생명의 창조자"로 규정한다. 시의 발현이 전적으로 영감에 의해 배태되는데 시의 심경은 일상과는 전혀 다른 차원의 정서와 섬세한 직조에 의해 형상화된다는 것이다. 시의 초월적 생명력과 미적 가능성을 시 창작의 토대로 삼았다는 의미다.

마당을 가로질러 놓인 징검다리를 밟아 건너며 다시 시인을 생각한다. 19세기 후반 박용철의 고조부가 지었다는 이 초가집에서 그는 시인으로 성장해갔을 것이다. 온통 나무와 이름 모를 꽃들 천지인 이 정원에서 더러 생의 위악이나 슬픔, 순수나 욕망 같은 소소한 생의 이면과도 마주했을 것이다. 비바람에 몸이 굽은 나무와 짐승의 뒤태를 닮은 우묵한 토방과 정갈하고 외로운 댓돌이 한편의 소묘처럼 다함없이 정겹다.

"우리 친정아버지 말로는 용아 선생이 사촌 형님이 된다고 그러대요. 머리가 좋아서 일본 유학도 갔다 오고 문학하는 분들도 많이 챙겼다는 거예요… 용아 선생은 삼형제를 두셨는데 큰아들과 셋째 아들은 서울에 생존해 계신다고 합니다. 한분은 의사였고 한분은 공기업 사장을 지낼 만큼 자식들이 모두 사회적으로 성공을 했나 봐요. 가을 시제 때는 큰아들이 이곳에 온다고 들었는데 이번에는 어떨지 모르겠네요."

때마침 생가를 나오다 말고 텃밭에서 일을 하는 박종연(76세) 할머니로부터 용아 선생의 집안에 대해 얘기를 들었다. 호미를 허공에 부리다 말고 흘리듯 내뱉는 말속에 은연중 자부심이 드러난다.

박 할머니는 비교적 용아 선생과 자식들 그리고 집안의 내력에 대해 소상히 알고 있었다. 옛날에는 가옥의 규모가 10칸이나 될 만큼 큰 부자였다는 것과 지금의 생가는 원래 있던 집을 그대로 보수했다는 것 등등, 마치 자신의 자랑처럼 이야기를 들려준다.

더운 바람에 장독대 위로 실루엣이 어른거린다. 어디선가 내적이며 정적인 시인의 음성이 돌담 너머로 들려오는 것 같다. 돌담을 한 바퀴 돌다 말고 시인을 생각한다. 그 시인의 언어와 고요 속에 깃든 시인의 집을 생각한다. 불현듯 시인의 생가임을 알리는 이정표 앞에서 나는 무한히 자유롭고 쓸쓸하다. 나 도 야 가련다. 그저 빈발을 허공에 놓으며 이 여름날의 한때를 지나, 나 도 야 그렇게 가련다. 나 도 야 그렇게 떠나련다.

Chapter 21
완도 장도

완도(莞島)의 빙그레 '완'(莞)자가 태동하게 된 이유

장도는 문화의 섬이다. 완도 전체가 문화와 예술의 고장이지만, 그 가운데 장보고기념관을 눈앞에 둔 장도는 문화예술이 응결된 곳이다. 완도에 딸린 부속섬이지만, 장도의 역사성과 공간성은 아무리 강조해도 지나치지 않는다. 매년 정월 대보름이면 이곳에서 당제가 열린다. 당제 주신은 송징장군과 정연장군, 혜일대사, 장보고다. 완도가 배출한 기라성 같은 인물들이 한날에 불려 모셔진다. 이날은 제굿, 지신밟기, 장군샘굿, 선상굿, 마당밟기 등 다양한 행사도 펼쳐진다.

하이라이트는 군고패가 굿을 하고 마을 주민들은 바다에 제를 지낼 때다. 풍물들이 언 바다를 깨울 때 심해의 고기들도 덩달아 수면 위로 떠올라 춤을 춘다. 군고(軍鼓)란 군에서 행해졌던 놀이가 전통 문화로 계승된 놀이를 일컫는다. 군사들이 북을 두드리며 풍물을 했다는 뜻에서 붙여진 놀이다.

원래는 쇠금, 북고를 써서 금고(金鼓)라 했으나 이후 군고, 농악, 사물놀이 등으로 발전되었다.

장도의 당제보다 더 많이 알려진 축제는 장보고축제다. 완도 문화의 꽃이라 해도 과언이 아닐 만큼 장보고축제는 전국적인 페스티벌이다. 완도군은 2015년부터 기존 장보고축제를 장보고수산물축제로 확대 개편해 성대하게 치른다. 장보고라는 인물 브랜드와 수산물 브랜드를 결합해 시너지효과를 겨냥한 것이다. 장보고기념관과 장도, 읍내 일원에서 진행된 축제는 한판의 근사한 페스티벌이었다. 인물이 지닌 역사성과 바다가 주는 생명성이 '청정바다수도'라는 기치와 맞물려 축제를 한 단계 업그레이드했다는 평이다.

그렇다면 장보고축제의 연원은 어디에서 비롯됐을까. 장보고라는 인물과 완도와의 관련성을 추적해보면 이에 대한 답을 찾을 수 있다. 장보고와 완도는 따로 떼어 생각할 수 없는 동일의 의미를 환기한다. 장보고와 그의 이름을 딴 '장보고의 섬' 장도 또한 동일한 관점에서 해석될 수 있다.

한번 배신은 또다른 배신을 낳고

서기 841년(문성왕 3년). 초겨울 완도의 부속섬인 장도 앞으로 펼쳐진 바다는 청색의 빛이었다. 겨울의 바다는 본시 쓸쓸한 것이어서 아무도 없는 진공의 상태가 외려 낯선 감응을 불러일으켰다. 이 겨울이 지나면 이 섬에도 새 생명의 소리들로 가득할 것이다. 언 땅을 뚫고 봄꽃이 피어나고, 단단한 가지에선 새움이 트고, 메마른 허공에선 이름없는 새떼들이 힘찬 날갯짓을 할 것이다.

장보고는 청해진 본부가 있는 장도의 망루에 올라 깊은 생각에 잠겼다. 그의 얼굴에 고뇌의 그림자가 물빛처럼 파랗게 엉겨 붙었다. 어떻게 해야 할 것인가. 결코 마주하고 싶지 않은 시간이 장보고의 눈앞에 다가와 있었다. 수년 전 자신을 배반하고 떠났던 부하 염장이 돌아왔다는 사실이 믿기지 않았다. 할 수 만 있다면 지금의 상황을 되돌려 흔적없이 지워내고 싶을 뿐이었다. 정적이었던 중앙 귀족 김양의 수하로 활동하던 염장이 아니던가. 배신은 죽음보다 더한 아픔을 안겨주는, 생살을 찢어내는 것보다 더한 극한의 고통이었다. 장보고는 그래도 염장은 한때 자신을 따르던 장수였다는 생각이 미치자 일말의 연민의 감정이 일었다.

장보고는 딱 한번 부하를 믿어보기로 했다. 이 상황에서 가장 필요한 것은 신뢰라는 단어였다. 그날 밤, 장보고는 다시 돌아온 염장을 위해 연희를 베풀었다. 곁을 다시 주는 것만이 부하를 얻을 수 있는 유일한 방책일 터였다. 곁을 떠난 이에게 다시 곁을 줄 수 있는 자가 진정한 용자(勇子)일 거였다. 그러나, 한 번 배신한 자는 또 다시 배신을 한다는 말이 뒤미처 떠올랐다. 설마 염장이 두 번 나를 배신하진 않겠지. 염장은 보통의 부하들하고는 다를 거야. 장보고는 스스로에게 다짐하듯 되뇌었다.

그날 밤 연희는 새벽녘까지 지속됐다. 잃어버린 부하를 되찾은 기분에 장보고는 거푸 술을 들이켰다. 온몸이 마비되듯 얼어붙었다. 몸을 가눌 수 없이 대취했지만 기분만큼은 날아갈 듯이 가벼웠다. 장보고는 잠을 깨기 위해 바닷가 근처로 나왔다. 차가운 청해진 밤바다도 잠을 자는지 조금의 물결도 일지 않았다. 어둠 너머를 바라보다 장보고는 청해진이 참 아름답구나 하는 생각을 했다. 그러나 순간 뒤미처 날카로운 무엇이 그의 뒷덜미를 파고들었다. 그렇게 장보고는 자신이 가장 아꼈던 부하 염장의 칼에 유명을 달리한다.

얼마 후 중앙정부는 청해진을 패진하고 만다. 이곳 사람들 일부와 제주도 주민들이 전라북도 김제로 강제 이주를 당한다. 승자와 패자의 운명이 명징하게 갈린다는 것을 우리 역사는 보여준다. 남쪽 사람들은 벽골제라는 저수지를 축조하기 위해 노역에 동원됐고 역사의 수레바퀴를 벗어날 수 없었다. 청해진 사람들은 고된 일과 속에서도 문득문득 고향의 산천과 푸른 바다를 생각했다. 그때마다 그들의 입가에 알 듯 모를 듯한 미소가 어렸다. 빙긋한 미소는 이내 완도 사람들의 트레이드마크가 되었다. '완도'(莞島)의 빙그레 '완'(莞) 자가 태동하게 된 연유다.

더러 역사는 매정한 심판원에 다름아니다. 오랫동안 장보고에게 반역자, 모반자라는 딱지를 붙이고 비하했으니 말이다. 부하에게 안타까운 죽임을 당한 장보고를 역사서는 이렇게 기술하고 있다.

"청해진 대사 장보고는 왕이 자신의 딸을 왕비로 맞지 않는 것을 원망하고 청해진에서 모반하였다."

〈삼국사기(권11) - 신라본기〉

그러나 장보고 기념관 이주승 학예사는 "지방 출신 장보고가 혹여 중앙의 실력자가 될지 모른다는 두려움에 귀족들이 음모를 꾸렸을 가능성이 높다"면서 "당시 장보고는 왕권을 좌우할 만큼 군사적으로나, 행상무역으로나 상당한 위치에 있었다"고 설명한다.

그 때문인가. 조선시대 사서 『동국통감』에서는 장보고를 이렇게 평하고 있다. "장보고가 모반하였다는 말만 있고 모반한 실상이 없으니, 그의 공을 시기하고 이익을 탐내는 무리가 없는 사실을 꾸며 만들어서 임금과 신하 사이를 이간하지 않았는지 어찌 알겠습니까."

사실 장보고는 오랫동안 역사의 뒤편에 가려져 있었다. 반역, 모반이라는 단어가 주는 음습한 이미지 때문이었다. 장보고는 신라 흥덕왕 3년(828) 완도에 청해진을 설치하고 해적을 소탕한 해상왕이었다. 한국, 중국, 일본을 연결하는 해상항로를 개척했고 중계무역을 실시한 완도가 낳은 불세출의 영웅이었다. 그뿐인가. 이슬람권과도 활발하게 교역을 펼쳤던 최초 민간인 무역왕이기도 했다. 오죽했으면 일본 문헌에는 '장보고(張寶高)'라고 표기돼 있다. '보배 보', '높을 고'를 써서 장보고의 의기와 위상을 상찬한다. 그에 비하면 우리나라에서는 '장보고(張保皐)'로 쓴다. '보호할 보', '언덕 고'는 오히려 그에 대한 평가가 박하다는 것을 반증한다. 왕조시대의 모반과 반역, 근현대 시대 쿠데타와 독재로 이어지는 권력의 찬탈이 강제한 아이러니다. 張寶高와 張保皐는 한자 표기만큼이나 그를 해석하는 관점이 변별된다.

장보고의 흔적이 남아 있는 섬, 장도

청해진의 본거지 장도를 둘러보며 걸출한 인물 해상왕 장보고를 떠올린다. 그리고 한바탕 웃는다. 웃자. 웃자. 웃자! 어느 때든 빙그레 완(莞) 자 하나만 생각하자. 어떤 상황에 처하든, 부요하든, 가난하든, 높은 곳에 처하든, 낮은 곳에 처하든, 신분이 고귀하든, 미천하든, 그저 웃어버리자. 근심 걱정일랑은 저 푸른 바다에 풍덩, 풍덩 내던져버리자. 그리하여 웃음보따리를 터뜨려 훌훌 털어버리는 거다. 웃는 자에게 보배로운 일이 생긴다지 않는가. 살기 어렵다고 경기가 예전만 못하다고 주저앉아 찌뿌리고 있을 소냐. 언제 경제가 좋았던 시절이 있던가. 환한 웃음 한방에 근심 걱정은 삼십육계 줄행랑 칠 터이니, 새해에는 그저 웃음 한 번 짓고, 살갑게 미소 한 번 날리고, 그로 인해 소문만복래

(笑門萬福來) 기적을 누리는 거다.

그러고 보니 완도는 불과 1~2세기 전만 해도 유배의 땅이었다. 정약용의 형 정약전도 흑산도로 유배되기 전 이곳에 잠깐 여장을 풀었던 걸 보면 속박의 땅이었던 만큼은 분명하다. 그뿐 아니라 보길도의 윤선도를 비롯 신지도에는 당대 최고의 서예가 이광사, 왕실의 후손 이세보 등이 머물렀다. 끝없이 펼쳐진 신지도 명사십리 모래밭은 유폐된 이들의 회한이 가뭇없이 박힌 흔적이려니 싶다.

장도는 완도가 낳은 불세출의 영웅, 바다를 지배했던 상남자 장보고의 이력이 화인처럼 남아 있는 섬이다. 1959년 가을에 불어 닥친 사라호 태풍은 바다에 묻힌 청해진 유적을 세상 밖으로 드러냈다. 해안에 박혀 있던 목책(원목열)은 이곳이 청해진의 본거지였다는 사실을 증명했다. 탄소 측정 결과 1200년 전에 설치된 것으로 밝혀진 것이다. 숨겨진 역사는 언제고 세상 밖으로 나와 스스로를 증명하는가 보다.

섬에서 나오면서 허허허, 웃고 나오기는 처음이다. 완도라서 그러나 보다. 완도라서 웃게 되나 보다. 완도(莞島)의 '완' 자가 한 자로 빙그레 '莞'이라나, 다시 웃게 된다. 그저 실없이 웃는다. 실없이 웃는 나를 생각하고 또 웃는다. 우리들의 영웅 장보고의 섬 완도에서, 아니 그의 혼이 숨 쉬는 장도에서 가슴 한 번 펴고 호탕하게 웃는다. 미소만사성(微笑萬事成). 웃는 자에게 복이 임할지니.

Chapter 22
고창 미당시문학관

미당 서정주(1915~2000)를 떠올리면 늘 감탄과 아쉬움이 교차한다. 최고의 서정시인이라는 극찬과 친일에 대한 비판의 목소리가 존재한다. 한 시인을 두고 평가가 엇갈리는 것은 작품과 생애가 동일하지 않기 때문이다. 정확히 말하면 시인이 추구했던 시와 그가 살아온 삶이 정확하게 일치하지 않는다는 사실을 전제한다. "시는 시이고 삶은 삶"이라고 말하는 이들도 있지만, 그러나 분명한 것은 시행일치(詩行一致)를 견지했던 문인들도 적지 않은 상황에서, 미당의 행적은 분명 비판 받아 마땅하다.(그럼에도 한국 詩史에서 최고의 서정시인 가운데 한 사람으로 꼽히는 미당을 친일의 이유로 문학사에서 배제한다면 그 공백은 상상하기 어렵다.)

2000년 85세를 일기로 타계한 그는 70년의 창작활동 기간 시집 15권, 시 1000편을 발표했다. 한국인들이 애송하는 「국화옆에서」를 비롯해 「푸르른 날」 등 주옥 같은 작품을 남겼다.(친일의 어두운 그림자가 분명히 존재하지만, 그의 시는 시적인 측면에서는 명작이라는 것을 많은 이들은 인정한다.)

2015년은 미당이 태어난 지 100주년이 되는 해였다. 당시 100주년을 맞이했던 문인들은 문학사에서 모두 한 페이지를 장식한 쟁쟁한 이들이다. 시인 박목월, 아동문학가 강소천, 소설가 임옥인, 황순원, 극작가 함세덕 등. 이들은 대부분 20대에 일제 강점기를 보냈다. 해방 이후 삼십대가 되었고 이후 일제 강점기 문학을 극복하는 과정에서 오늘의 한국문학의 지평을 열었다.

얼마 남지 않은 한 해의 마지막에 미당의 생애를 돌아보는 것은 어떤 의미가 있을까. 혹여 철이 지나 시들어버린 한송이 국화꽃을 들여다보는 심정은 아닐지, 미당의 시를 좋아하는 한 사람의 독자로서 그의 문학 인생에 대한 조명은 미루어놓은 '과제' 같은 느낌을 준다.

고창 선운리 질마재 마을. 미당이 태어났던 곳이다. 이름부터 시적이고 신화적이다. 그의 시집에 『질마재 신화』가 있는데 질마재는 소요산(445m) 자락에 걸친 고개 이름이다. '길마'라는 전라도 방언으로, 이 재 너머에 자리한 질마재 마을은 행정구역상 선운리에 속한다. 진마마을 · 서당물 · 신흥마을, 세 곳이 선운리를 구성한다. 그렇다면 질마가 어떻게 진마가 되었을까. '질마'를 한자로 고쳐 '진마'가 되었고 (전라도 방언상) '질마'로 부르게 되었다는 내력이다.

'질마재 신화'의 등장인물은 대부분 이곳 진마마을 주민이라고 한다. 마을의 빨래터, 우물 등 마을 곳곳에는 조각상과 함께 시편이 걸려 있다. '질마재신화'에서 보듯 미당의 시는 생래적으로 탯자리를 중심으로 전개된다. 예술가들은 본질적으로 자신이 나고 자란 고향을 떠날 수 없는 존재들이다. 고향은 육신적으로, 정신적으로 예술가들을 낳고 성장시킨 태토와 같기 때문이다. 그러므로 미당의 명언 "나를 키운 건 팔할이 바람이었다"는 이렇게도 고쳐 말할 수 있다. "나를 키운 건 팔할이 고향"이라고.

다음은 시집 '질마재신화'에 나오는 '신부'라는 시다. 미당의 문학관과 생가가 자리한 질마(진마)마을에 가보면 그의 시가 떠오른다.

"신랑신부가 첫날밤을 맞이했다. 긴장한 신랑은 갑자기 요의(尿意-오줌이 나오려는 생각)를 느꼈다. 급한 신랑은 서둘러 방을 나섰다. 그때 뒤에서 무언가가 신랑의 옷자락을 잡아당겼다. 신랑은 음탕한 신부의 소행이라 여겼다. 기분이 상한 신랑은 옷이 찢어지건 말건 홱 뿌리치고 나왔다. 이어 뒤도 돌아보지 않고 그 길로 집을 나가 돌아오지 않았다.
그로부터 사오십 년 지났다.
신랑이 우연히 신부네 집 옆을 지나가게 됐다. 문득 옛일이 궁금해져 당시 초례 방을 열어 보았다. 그런데 놀랍게도 신부는 귀밑머리만 풀린 채, 첫날밤 모습 그대로 초록 저고리 다홍치마를 입고 다소곳이 앉아 있었다. 신랑은 안쓰러운 생각이 들어 신부 어깨를 어루만졌다. 그때서야 신부는 매운 재가 되어 폭삭 내려앉아 버렸다. 초록 재와 다홍 재로.
그날 밤, 신랑을 붙잡은 건 신부가 아니었다. 실은 옷이 방문 돌쩌귀에 걸린 것이었다."

〈『질마재신화』에 수록된「신부」전문〉

알려진 대로「신부」는 우리나라 전역에 퍼져 있는 신랑신부의 첫날밤 이야기를 모티프로 한다. 전통과 일상, 설화가 맞물려 형상화된 시는 잔잔한 울림을 준다. 이야기의 배경과 사건이 한번쯤 들었음 직한 내용을 토대로 하기 때문이다. 그것은 '질마재'를 우리나라의 어떤 마을에 대입시켜도 무방할 만큼 익숙한 공간으로 다가오는 것과도 무관치 않다.

그 신화의 마을, 질마재에 당도하자 사방에서 꽃향기가 흘러든다. 물큰하게 코끝을 간질이는 향기는 어느 특정한 공간에서 발하는 향기가 아니다. 온몸을 물들이고도 모자라 발을 딛고 선 곳에까지 향긋함이 묻어나는 걸 보면 사방 천지에 꽃이 있다는 증거일 터.

이제 보니 미당 시 문학관 앞에도, 인근 마을에도, 저 멀리 떨어진 산자락에도 온통 샛노란 국화꽃 물결이 장관이다. 꽃은 여향을 뿜어내며 이곳이 미당의 시「국화옆에서」의 배경지라는 사실을 알려준다. 찬바람이 부는 고절(孤節)에도 국화는 저렇듯 올곧게 서서 특유의 향기를 발한다.

서정주 탄생 100주년을 맞아 미당문학제가 열렸다. 미당 문학의 폭과 넓이만큼 다양한 행사들이 펼쳐졌다. 예년에 비해 세미나가 풍성하고 다채롭게 꾸려졌다는 후문이다. 이은봉 광주대 문창과 교수는 미당 특유의 '떠돌이 의식'을, 장영우 동국대 국문과 교수는 미당 시에 드리워져 있는 '영원성'을 이야기했다. 이밖에 미당시낭송회원들의 시극 공연, 미당 전국 시낭송대회, 미당 백일장 대회도 열렸다. 다양한 문학예술행사 외에도 먹거리 장터, 풍물시장, 전통민속놀이, 대나무 달집에 소원지 달기 등 세대가 공감할 수 있는 행사가 마련됐다.

때마침 기자 일행이 이곳을 방문했을 때는 축제 준비가 한창이었다. 문학제추진위원회와 주민들은 미당의 생가도 새뜻하게 단장하고, 문학관 주위의 국화밭도 풍성하게 가꾸었다. 한마디로 선운리 일대는 아름다운 국화동산이었다.

그러나 시끌벅적하거나 소란스러운 분위기는 아니었다. 한갓진 분위기가 감도는 것은 시인의 시 세계와 무관치 않을 터였다. 서정주의 시가 주는 아우라는 서정적이며 토속적이다. 문학관과 생가가 발하는 정적인 느낌은 신화적이며 전통적인 가락에 기반한 시인의 작품 세계를 반영할 터이다.

"문학관 꼭대기에 오르면 미당이 품었을 시적 지향을 가늠할 수 있어요. 문학관은 지난 2001년 폐교된 선운초등학교 봉암분교를 개조해 건립되었습니다. 부지 9,461㎡에 4동의 건축물을 들였고 문학관 인근에 생가도 복원했지요."

강헌희 전북관광해설사의 설명이다. 그는 이어 "이곳의 지리적인 위치는 '시인부락'을 잉태할 만큼 수려하고 아늑하다. 고창의 동항과 변산의 궁항이 바다와 갯벌로 이어져 있고, 질마재 마을은 내륙 안쪽에 자리한다. 문학관 위에서 바라보는 풍광은 그 자체로 그림"이라고 덧붙인다.

전망과 풍광을 고려하건대, 미당의 문학적 DNA 속에는 이곳의 지리적인 기질과 특질이 고스란히 깃들어 있을 것이다. 시에 내재된 아우라가 이곳의 분위기와 겹쳐진다. 입구에는 대형사진과 함께 "우리말 시인 가운데 가장 큰 시인"이라는 문구가 사람들을 맞는다. 우리말을, 그것도 전라도 방언을 구성지고 맛깔스럽게 구사했다는 의미다. 시어가 주는 깊은 맛과 일정한 운율에 감겨 되새겨지는 맛은 여타의 시인과 구별되는 미당의 시가 지닌 덕목이다.

문학관 내부는 소담하다. 1전시실에서는 시인으로서의 미당을 엿볼 수 있다. 생전에 활동사진, 시집들이 비치돼 있다. 2전시실은 문학관의 대표적인 공간이다. 미당의 인간적인, 지극히 사소한 삶을 엿볼 수 있다. 여기에는 남농 허건에게서 받은 부채와 지인과 주고받은 편지가 비치돼 있다.

뿐만 아니라 분신일정도로 미당이 늘 가까이했던 파이프, 지팡이, 가족과 함께 찍은 사진 등도 전시돼 있다. 시를 아끼는 독자로서, 미당을 만날 수 있는 곳은 3전시실이다. 이곳에서는 미당의 주요 작품이 유리터널에 새겨져 있어 나지막한 소리로 작품을 낭송할 수 있다.

"눈물 아롱아롱
피리 불고 가신 임의 밟으신 길은
진달래 꽃비 오는 서역(西域) 삼만리
흰 옷깃 여미며 가옵신 임의
다시 오진 못하는 파촉(巴蜀) 삼만리"
〈귀촉도 中〉

"내 마음속 우리 님의 고운 눈썹을
즈믄 밤의 꿈으로 맑게 씻어서
하늘에다 옮기어 심어놨더니
동지 섣달 나르는 매서운 새가
그걸 알고 시늉하며 비끼어 가네"
〈동천(冬天)〉

투명한 유리터널에서 외워보는 그의 시는 절창이다. 수십 년 전에 쓰인 시지만 지금 읽어도 감성이나 운율이 조금도 어색하지 않다. 언어들이 시인의 내면에서 저절로 흘러나와 시로 형상화된 것 같다. 시를 짓는 것이 아니라(짓는다는 것은 창작의 고통이 수반되는 행위이다) 시어가 저절로 흘러넘쳤다는 느낌이다.

생가는 산뜻하게 단장돼 방문객들의 눈길과 발길을 끌었다. 주위를 에둘러 피어난 국화꽃은 미당이 「국화옆에서」의 모티프로 삼지 않았을까 짐작하게 했다. 이곳에서 태어나 어린 시절을 보낸 미당에게 탯자리는 문학의 젖줄이나 다름없었다. 소담하면서도 검박한 분위기는 그러나 그의 시에서는 다소 아픔의 흔적으로 형상화 됐다. 강헌희 해설사는 "미당의 부친은 인촌 김성수의 마름을 했다. 그의 시 '자화상'에 나오는 "애비는 종이었다 밤이 깊어도 오지 않았다"는 표현은 미당의 어린 시절을 상징하는 유명한 시구"라고 말한다.

"애비는 종이었다 밤이 깊어도 오지 않았다
파뿌리같은 늙은 할머니와 대추꽃이
한주서 있을 뿐이었다
어매는 달을 두고 풋살구가 꼭하나만
먹고싶다하였으나 흙으로 바람벽 한호롱 밑에
손톱이 까만 어미의 아들
갑오년 이라든가 바다에 나가서는 돌아오지
않는다 하는 외 할아버지의 숱 많은 머리털과
그 커다란 눈이 나는 닮았다 한다
스물세 해 동안 나를 키운건 팔할이 바람이다"

〈자화상 中〉

미당의 동생 서정태 옹

미당의 생가 우편 초가집에서 반가운 손님을 만났다. 바로 미당의 동생 서정태(92) 옹. 그의 집은 우하정(又下亭)이라는 명패가 붙어 있다. 강헌희 해설사로부터 미당의 동생이 산다는 말을 들었던 터라 내심 기대가 됐다. 미당과는 여덟 살 차이가 나는 그도 시인이다. 그 형의 그 동생인 셈이다. 65세때 첫 시집을 냈고 90세 때 두 번째 시집을 냈다고 한다. 구순이 넘는 연세에도 그는 정정한 편이었다. 다소 거동이 불편했지만 한마디 한마디 던지는 말만큼은 또렷했다. 낯선 이들을 맞이하는 미소기 온화하고 부드러웠다. 세상을 오래 산 어르신들에게서 자연스레 우러나오는 삶의 지혜일 터였다.
"우하정 그 뜻은 간단해. 여기 미당 생가는 내가 태어난 생가이기도 하지. 그리고 내가 거처하는 여기 이집은 그 아래에 있고, 나는 미당의 아우이니 또 우하지."
'우하'의 뜻을 물었더니 돌아온 말이다. 그의 방은 단출하다. 노인 혼자 살면 다소 허름해 보일 법 한데 정갈하고 모든 것이 제자리에 정리돼 있다. 방 한쪽에 주방이 있고, 방 위쪽에는 앉은뱅이책상이 놓여 있다. 우하는 거동이 불편했다. 그러나 발음은 정확했다. 피는 속일 수 없는 법이어서 우하도 시를 쓴다.
"나는 무명한 자라서 시집을 안 낼라고 했어. 그런데 하도 책을 내자고 하는 통에 보대껴서 내게 되었지." 서 옹은 또한 "시를 쓰는 것은 다른 누구를 위해 쓰는 것이 아니라 자신을 위해 쓴다. 남이 안 알아줘도 내가 좋아서 쓰는 거다"고 말했다.
그에게는 인자한 표정 이면에 번뜩이는 지성이 넘쳤다. 젊은 시절에는 전북의 지역신문에서 기자생활을 했다고 한다. "자네는 올해 기자생활을 한 지 얼매나 됐능가?", "조금 됐습니다.", "보아하니 나의 30년 기자생활보다는 적을 것 같애."시인은 그렇게 격의 없이 말을 해왔다. 그는 앞으로도 시집을 꼭 한권 더 내고 싶다고 한다. 형님 미당의 친일에 대해 에둘러 물었더니 돌아오는 말.
"그 시대를 안 살아 본 사람들은 쉽게 말을 하지. 형은 단지 시인이었을 뿐이야. 나약한 시인의 목에 칼이 들어오니 별 수 있었겠어."
그의 말에는 형에 대한 무한한 신뢰와 애정이 담겨 있었다. 그는 문을 열어 저 멀리 앞산을 가리켰다.
"우리 선산이여. 저곳에 아버지와 어머니, 그리고 형님 내외가 잠들어 있어. 나는 이곳에서 꼼짝없이 시묘살이를 하는 거지. 허허."
건강하고 좋은 시 쓰시라는 말에 그는 "기자생활 하다 머리 아픈 일 있으면 이곳으로 와. 내가 막걸리 사줄게"라고 말한다.

"다 떼어버리고 / 소요산 줄기 한 자락 / 그 밑 / 움막에 와서 살고 있다 / 두 평 남짓한 방에서 뒤척거리면 / 두고 온 피붙이 목소리 / 땅속에 파묻히고 나서도 / 따라올 목소리" 〈서정태 - 가지 마 中〉

Chapter 23
광주 월봉서원

여유를 찾기가 어렵다고들 한다. 몸과 마음이 지치다 보면 한가롭게 '게으름'을 부릴 만한 계제가 못 된다는 것이다. 여유(餘裕)의 사전적 의미는 "성급하게 굴지 않고 사리 판단을 너그럽게 하는 마음의 상태"를 뜻한다. 달리 말하면 물질적으로나 시간적으로 넉넉하고 남음이 있는 상태를 말한다. 현대인 중에 여유 있는 이가 얼마나 있을까. 말처럼 쉽지 않는 게 여유를 찾는 일이다. 삶의 속도는 날로 빨라지고 처리해야 할 일은 넘쳐난다. 잠시 한눈을 팔았다가는 모든 게 뒤죽박죽되기 일쑤다.

사람들은 조금도 짬을 낼 수 없을 만큼 일상이 빡빡하다고 아우성이다. 정교하게 시스템화 된 일상은 점점 속도를 강제하고 무한경쟁을 요구한다. 그러나, 언제까지 앞만 보고 달려갈 것인가. 한번쯤 속도를 늦추고 일상이라는 열차에서 내리는 용기가 필요하다. 왔던 길을 돌아보고 달려갈 길을 가늠하기 위해, 여유라는 한 박자 쉼은 필수불가결하다. 그러나 여기에는 조건이 있다. 흔히 잘 놀기 위해서는 배워야 하는 것처럼 여유도 배워야 그 '여유'를 부릴 수 있다. 그렇다면 어떻게 배워야 할까. '배움 여행'이라는 '상품'이 있다. 일명 '여유(旅儒)'로 불리는 이 여행은 삶의 지혜를 배우기 위해 향교나 서원으로 떠나는 것을 말한다. 일반적으로 향교와 서원은 유학의 근간인 선현의 정신이 집약된 공간이다. 고전적인 의미의 이 공간은 학문, 도학, 예의, 근엄 같은 이미지를 발현한다.
그러나 배움여행 '여유(旅儒)'는 기존의 '고리타분한' 이미지를 벗는다. 유학이라는 텍스트를 현대적 관점에서 재해석, 쉼이라는 여행으로 풀어낸다. 선비의 삶과 철학이 깃든 곳에서 한 박자 쉬어가는 일상은 기존 유학으로는 접할 수 없는 이색적인 즐거움을 선사한다.
광주 광산구에 자리한 월봉서원에서 배움여행 '여유(旅儒)'가 펼쳐졌다. ㈔한국관광학회 유교문화활설화지원사업단과 광주 광산구청이 선비 정신 제고와 유교 문화 확산을 위해 '멍석'을 깔았다. 서원에 대한 지역민의 인식과 애향심을 고취하고 이를 브랜드화 해 문화의 장으로 견인하기 위한 포석이다. 무겁고 어렵게만 느껴졌던 유현(儒賢)들의 정신은 콘텐츠와 체험 프로그램으로 재탄생된다.

월봉의 학예의 경지 곳곳에 깃들어

해질 무렵은 아니었지만 서원에는 석양의 분위기가 감돌았다. 안온한 지세가 따사로운 정감을 불러 일으켰다. 좌청룡 우백호 양 봉우리를 거느린 백우산(白牛山)의 풍광은 적요하면서도 수려했다. 이곳의 풍취를 맞춤하게 표현할 적확한 언어가 떠오르지 않았다. 혹자들은 "이 동네에 빈 집이 없나" 하고 둘러볼 정도로 백우산 산수를 흠모한다고 한다.

봄은 꽃이 피어 초가집에 와 있고
산에는 석양 빛 머물렀네
가을 하늘 아래 홀로 지팡이 짚고 있으니
맑은 이슬이 나의 옷을 적시네
옛 고을에는 성곽도 없고
산 서재에는 나무 숲만 우거져 있네
물 건너에서는 차가운 다듬이 소리 들려오네

〈만망(晚望)〉

그 경치 때문인가. 고봉(高峯) 기대승(奇大升·1527~1572) 선생의 '만망(晩望)'이 떠오른다. 해질 무렵 오랜 만에 찾은 마을의 풍경을 일별하는 선비의 심사는 쓸쓸하면서도 애달프다.

홀로 지팡이를 짚고 석양빛을 바라보는 이의 심중은 회한으로 가득하다. 학문을 깊이 궁구하면서도 서정적인 시풍을 견지했던 월봉의 학예(學藝)의 경지가 그대로 드러난다.

월봉서원은 조선 중기의 유학자 고봉 기대승의 학덕을 추모하기 위해 세운 서원이다. 선조 8년(1575) 광주시 광산군 비아면 산월리에 망천사를 창건하고 기대승 위패를 모신 데서 비롯됐다. 이후 1654년 효종이 '월봉'이라는 명을 내리면서 사우와 동·서재를 갖추었다.

45세라는 젊은 나이로 세상을 떠나기까지 고봉은 퇴계 이황과 성리논변을 통해 유학의 지평을 넓힌 학자였다. "퇴계가 고봉보다 훨씬 연배가 높았지만 고봉의 식견이 높아 서로 통유(通儒) 할 정도로 학문적 교유가 깊었다고 합니다. 13년간 편지를 주고받으며 사단칠정(四端七情)을 주제로 펼친 논쟁은 한국 유학사에서 유명한 논쟁으로 기록돼 있어요."

행주기씨 문헌공파 문중회장 기주철 씨의 설명이다. 사단(四端)은 인간의 본성에서 우러나오는 도덕적 능력을, 칠정(七情)은 인간의 본성이 사물을 접하면서 드러나는 자연적인 감정을 말한다. 하늘의 이치와 사람의 심성이 일치한다는 성리학의 명제를 근거로 두 거두가 펼쳤던 도덕과 실천 명제는 한국 유교 전개 과정에 한 획을 긋는 사건으로 평가된다.

참가자들을 위한 체험학습 첫 번째 미션은 김치 담그기였다. 박기순 김치연구소장의 시연에 따라 김치 버무리기가 진행되었다. 이제껏 김치를 담궈본 적이 없던 터라 모든 게 생소했지만 그렇다고 낯설지는 않았다. 김치가 친근한 음식인데다 어릴 때부터 봐왔던 어머니의 김장 담그는 모습이 자연스레 오버랩 되었다.

소금에 절인 배추에 양념을 쓱쓱 버무리는 일은 생각보다 쉽고 재미있었다.(사실 김치 담그기는 버무리기 이전의 과정이 더 힘들다고 한다) 빨갛게 물이 들며 오묘하게 버무려지는 김치는 가을날 형형색색으로 물드는 단풍의 이미지를 닮았다. 다 버무리고 나서 김치 한 줄기를 길다랗게 찢어 입에 넣었다. 알싸하면서도 매콤하고 달짝지근한 맛이 부드럽게 번지며 침샘을 자극했다. 처음 담궈본 김치가 이렇게 맛있을 수가! (혹여 요리에 남다

른 재능이 있는 건 아닌지 살짝 긴장이 되었다. 웃음) 사실 김치 명인이 갖은 재료를 배합해 속을 배합해 두었던 터라 절인 배추를 버무리는 일은 간단했다. 그보다 김치 담그기에 담긴 철학적 의미, 숙성의 과정, 생각의 어우러짐을 숙고하라는 뜻일 터였다.

김치를 다 버무리고 주먹밥 만들기가 이어졌다. 흰색, 녹색, 붉은색, 검정색, 노란색 모두 다섯 가지로 이루어진 재료를 둥글게 말아 '5·18주먹밥'을 만들었다. 자유, 민주, 희생, 애도, 기다림의 의미가 투영된 색색의 주먹밥은 맛도 맛이지만 무엇보다 의미가 남달랐다. 서원이 내재하고 있는 정신적 가치와 이상을 시대적 아픔과 연계해 보라는 의도인 듯했다.

김치와 주먹밥, 다양한 야채식을 곁들인 '선비의 밥상'은 한마디로 꿀맛이었다. 옛날 선비가 서안에 앉아 글을 읽다가 차려준 밥상을 받았다면, 현대의 선비는 수족을 움직이지 않으면 안 되었다.(어머니와 와이프의 노고를 생각하는 시간이었다) 무릇 배움은 머리로만 지식을 익히는 게 아니라 몸을 움직이고 사고를 확장하는데 있을 것이었다.

식사를 하고 이어진 여유로운 음악회는 색다른 감흥을 주었다. 빙월당(氷月堂)을 무대로 펼쳐진 클래식 앙상블은 '빙월'이라는 이름에 맞게 아름다운 화음을 연출했다. 원래 '빙월'은 고봉의 철학에 심취한 정조가 내린 당호로, '빙심설월'(氷心雪月)에서 연유한다. 눈 내리는 달밤의 차가운 마음은, 예의 얼음처럼 예리하고 격조 높은 학문과 인품을 뜻한다. 고봉의 영민함과 넓은 식견, 예지를 아우르는 말일 터이다.

웨스턴심포니오케스트라 음악감독이자 상임지휘자인 방성호의 지휘로 베이스 나윤규, 소프라노 김한나가 백우산 자락을 천상의 화음으로 수놓았다. 나윤규 특유의 저음과 김한나의 청아하면서도 비감어린 음색이 월봉의 밤을 흔들었다. 왜 음악이 만국 공통어인지 십분 이해가 되었다.

수차례 쏟아지는 앙콜과 박수세례에 스르르 취해 버렸다.

고개를 들자 빙월당에 커다란 달밤이 걸려 있었다. 풍선 크기만한 노란 알전구에서 배어나오는 불빛은 은은하고 감미로웠다. 초여름밤을 물들인 선율은 잠들어 있던 수백 년 인문의 향기를 깨우고 어느 결에 빙월당은 '하월당(夏月堂)'으로 전이된다. 잠잠히 서 있던 주위의 수목들이 깨어나 박수를 칠 때, 기와 처마로 흐르던 창창한 문기(文氣)는 서지향(書紙香)과 어울려 천상의 조화를 이룬다.

"이번 배움 여행을 통해 서원이 기존의 학문과 지성의 공간에서 한 발 나아가, 쉼과 느림, 여유의 공간으로 다가갔으면 합니다. 역사 속에 박제된 공간이 아닌 현대와 끊임없이 대화하고 교섭하는 문화와 감성의 공간으로 말이에요."

백옥연 광산구청 문화재전문위원의 설명이 남다른 의미로 다가온다. 교육관으로 자리를 옮겨 이어진 이색적인 여행은 늦은 밤까지 진행되었다.

배움여행 여유(旅儒)

배움여행 여유(旅儒)는 100세 시대를 맞아 유교문화의 새로운 교육체험으로, 문화체육관광부가 213년 11월부터 (사)한국관광학회 유교문화활성화지원사업단(단장 한범수)에 국고를 지원해 추진된 사업이다. 각 지역에 소재하는 향교와 서원을 문화자원과 연계, 여행이라는 컨셉과 현대적 유교문화 교육을 접목한 프로그램이다.

올해는 시범적으로 전주향교, 월봉서원, 필암서원 등 몇 군데만 실시했다. 이를 토대로 전국 900여 곳에 달하는 향교와 서원을 목적에 맞게 분류해 적절하게 활용한다는 복안이다. 유교문화활성화지원사업단 한교남 책임연구원은 "이번 프로그램 개발을 위해 분야별 전문가 자문을 들었다. 이를 토대로 영유아에서 노년에 이르는 생애 프로그램 개발을 했다"며 "권역 단위로 유교문화 탐방 코스 개발, 전문해설사 양성, 교재 개발에 역점을 두고 있다"고 설명했다.

배움여행의 세대별 프로그램은 몇 가지로 요약할 수 있다. 부모의 태교를 교육하는 '新사임당 태교', 청소년의 올바른 인성함양을 견인하는 '선비야 놀자', 청년세대의 토론문화에 역점을 둔 '청년만인소', 중장년층의 소통과 가족문화를 교육하는 '사랑채 이야기', 노년층의 여가 문화에 초점을 둔 '21세기 풍류를 만나다' 등을 들 수 있다.

전통은 동시대인과 호흡하고 공유할 때 의미를 지닌다. 21세기 서원과 향교는 더 이상 고전적인 한문 교육, 예절 교육, 혼례장소로만 머물지는 않을 것 같다. 현대와 융합하지 않고는 박물관 속 고서의 신세를 면치 못할 것이다.

Chapter 24

순천
드라마세트장

〈에덴의 동쪽〉,〈사랑과 야망〉,〈복희 누나〉,〈제빵왕 김탁구〉,〈빛과 그림자〉…. 이들 드라마의 공통점은 무엇일까? 모두 시대극이라는 점이다. 또 하나 공통점을 찾는다면? 물론 드라마 취향에 따라 제각기 다른 답이 나올 것이다. 주제, 인물, 흥행 등 여러 요인에 따라 이색적인 답을 찾을 수 있다. 그러나 가장 쉬우면서도 일반적인 답이 있다. 다름 아닌 드라마를 제작했던 곳이 순천이라는 점이다. 순천이 뜨고 있다. 넓은 갈대밭에 희귀철새가 날아드는 순천만은 생태 수도 허브로 순천을 세계에 알리는 역할을 톡톡히 하고 있다.

전남에 수려한 관광지와 천혜의 경관이 산재한다는 것은 더 이상 새로운 사실은 아니다. 어느 감독이든 좋은 장소에 대한 애착은 각별하다. 품을 팔아 촬영 장소를 헌팅하는 것은 영화의 흥행을 좌우하기 때문이다.

남도에는 셀 수 없이 많은 영상의 보고가 숨겨져 있다. 개발이 덜 된 것이 오히려 경쟁력이 되고 있다. 다소 아이러니컬하지만 때론 "먼저 된 자가 나중 되고, 나중 된 자가 먼저 되는" 게 현실이다. 앞서 간다고 의시될 일도 아니며 조금 늦었다고 의기소침할 일도 아닌 건 그 때문이다. 사람의 일만이 아니라 자연 또한 그러하다는 것을 남도의 풍광은 증명한다.

필자는 2014년 8월 전남영상위원회가 주최한 팸투어에 참여한 적이 있다. 순천 드라마세트장을 비롯, 순천만생태공원, 태백산맥문학관 등에서 열렸다. 영화산업 관계자들에게 전남 지역 명소를 홍보하는 행사였다. 남도를 배경으로 하는 작품 제작 기회와 촬영지와 연계한 콘텐츠 개발을 견인하는 데 목적이 있다.

팸투어(Fame Tour)는 'Familiarization Tour'의 약자로 사전답사라는 의미를 지닌다. 지자체나 관광단지 주관으로 투어를 진행해 그 지역의 관광단지를 홍보하는 것을 일컫는다. 흔히 말하는 장소 헌팅과 유사한 의미를 지니지만, 성격이나 범주 면에서 다소 차이가 있다. 장소 헌팅이 제작자의 관점에서의 답사라면, 팸투어는 초청자 측의 홍보를 전제로 하는 여행이라는 점에서 그렇다.
이번 행사에는 영화 〈차우〉, 〈엽기적인 그녀〉 등의 기획과 제작을 담당했던 와몽이엔티의 서효승 대표, YG엔터테인먼트 김성훈 이사, 영화 〈부러진 화살〉, 〈도희야〉의 김지연 프로듀서, 영화 〈6년째 열애중〉 SBS드라마 〈딜큠한 나의 도시〉의 전선영 감독 등 모두 13명이 참석했다. 기자도 그들의 팸투어 일정 가운데 하루를 함께 하며 남도의 풍광을 몸으로 느꼈다.

잊혀진 과거 숨쉬는 드라마세트장

광주에서 순천은 조금 멀다 싶으면 어느새 당도해 있고, 조금 가깝다 싶으면 아직도 더 가야하는 거리다. 생각만큼 가깝지는 않지만 그렇다고 짬을 낼 수 없을 만큼 먼 거리도 아니다. 순천을 찾는 사람들은 대개 지명만큼이나 온후한 인정과 자연이 빚어내는 진경의 아름다움을 예상한다. 역사의 숨결과 문화의 향기가 그만큼 그윽하고 깊은 도시가 순천이다.

기발한 스토리를 매개로 영상미학을 구현하는 영화인들에게 남도는 어떤 모습으로 다가올까. 목적지인 조례동에 당도하자, 한 무리의 영화인들이 드라마세트장을 둘러보고 있다. 언덕을 따라 조성된 달동네는 세트장을 넘어 실재의 삶의 현장으로 다가온다. 빈한하다, 궁벽하다, 라는 표현으로는 온전히 담아낼 수 없는 독특함이 묻어난다. 30~40년 전으로 빠르게 역류해 버린 듯한 풍경 너머로, 잊고 있었던 우리들의 과거가 숨을 쉬고 있다.

이곳은 원래 옛 군부대가 있던 자리다. 순천시가 지난 2005년 4만여㎡ 부지를 매입해 달동네를 비롯한 세트장을 만들었다. 60·70년대의 모습과 똑같이 재현된 상가와 거리는 시대극을 촬영하기에 제격이다.

"이곳 달동네는 자연 경관과 어우러져 구성적인 면에서 특색이 있어요. 특히 순천만은 내륙과 바다가 하나로 연계돼 다른 지역에서는 접할 수 없는 독특한 특질을 줍니다. 이러한 특징적인 컨셉을 잘 활용한다면 영화를 제작하는 데 많은 도움이 될 것 같아요."

김성훈 YG엔터테인먼트 이사의 달동네를 둘러본 소감이다. 이어 그는 장안의 화제가 된 영화 〈명량〉에 대해서도 의견을 덧붙인다. "시기적으로 영웅을 기다리는 심리가 대중들의 바탕에 자리하고 있지 않았나 싶어요. 이순신의 인간적인 면이 팬들에게 적잖이 어필을 한 것 같고 무엇보다 남도의 지리적 특성이 좋은 영화를 만드는데 일조를 했구요."

이곳 드라마세트장에서는 김현중 주연의 〈감격시대〉가 촬영되기도 했다. 1930년대 사랑과 우정, 애국과 욕망에 아파한 젊은이들의 이야기를 그린 드라마로 당대의 모습을 잘 형상화했다는 평을 받았다. 박보영·이종석 주연의 〈피 끓는 청춘〉도 이곳에서 촬영됐다. 1982년 충청도를 배경으로 한 코믹 로맨스로, 청춘의 운명을 희극화해 호평을 받았다. 이민호, 김래원이 출연하는 〈강남 1970〉과 하정우의 두 번째 연출작 〈허삼관 매혈기〉의 배경이 되기도 했다.

평일인데도 드라마세트장에는 외지에서 온 방문객들이 적지 않다. 서울과 부산, 대전, 인천 등지에서 온 관람객들은 달동네를 보며 신기해한다. 건양대 대학원에 재학 중인 심하은 학생은 "실지로 보고 느끼는 재미가 스크린이나 TV화면에서 봤던 것과는 차원이 다르다"면서 "드라마세트장을 배경으로 주인공이 취했던 포즈를 취하며 사진을 찍는 즐거움이 가장 크다"고 말한다.

아마도 지금의 20대에게 달동네 세트장은 다소 생소해 보일 수 있다. 그러나 젊은이들이 시대를 거슬러 부모 세대의 삶을 간접 체험하는 장으로도 이곳은 손색이 없다. 달동네가 환기하는 양철지붕, 공동화장실, 19공탄, 담벼락 낙서는 아주 먼 옛날이야기가 아니라 손을 내밀면 닿을 수 있는 익숙한 풍경이기 때문이다.

그러나 다소 아쉬운 면도 없지 않다. 관리나 보수에 조금만 더 신경을 썼으면 하는 점이다. 우연한 계기에 팸투어에 참가했다는 영화 〈기생령〉, 〈좋지 아니한가〉의 프로듀서 기노영 감독은 관리 시스템에 대해 사고의 전환을 주문한다. "순천은 낙안읍성을 비롯해 남도의 풍광이 잘 살아 있는 곳이죠. 그러나 이

곳 드라마세트장도 아이디어는 좋지만 가건물이라는 점이 다소 아쉽네요. 보수 유지가 잘 안 돼 있다는 인상을 주는데 처음부터 제대로 된 실물을 지었으면 어떨까 싶어요."
그는 촬영을 위해 부산 쪽도 많이 찾는데, 그곳과 비교해 이곳은 여러 면에서 지원 체계가 미흡하다고 말한다. '극단적'으로 말하면 이곳은 초보수준인데 그쪽은 프로급이라는 얘기다. 그의 말은 우수한 자연환경과 문화가 있는데 이를 제작 시스템으로 연계하지 못하는 아마추어 수준의 문화행정에 대한 질타로 들린다.
드라마세트장을 둘러보고 일행이 찾은 곳은 '생태의 보고' 순천만이다. 드라마세트장이 흑백사진을 배열한 인위의 풍경이라면 순천만은 갈대밭의 전경이 일품인 청정의 풍경이다. 이곳은 구구절절 설명이 필요 없는 가장 아름다운 연안습지다. 바다와 강이 만나 이루어낸 절경은 배후에 갈대밭, 갯벌을 부렸고 수많은 생명을 잉태했다.
순천만의 풍광과 그 이면을 몸소 느끼고자, 일행은 유람선에 올랐다. 특유의 비린내가 코끝으로 밀려와 바다의 정취를 선물한다. 드넓은 갯벌과 나지막한 산이 어우러진 연안으로 철새들은 쉼 없이 날아와 날개를 퍼덕인다. 녀석들의 끼룩거리는 울음소리가 아련히 허공에 물들 때, 순천만은 생태계의 낙원으로 전이된다.
순천만은 2003년 습지보호지역으로 지정된 데 이어 2006년 람사르습지 등록, 2008년 국가지정문화재 명승 제 41호로 지정되었고 2013년에는 대한민국 생태관광지역으로 선정되었다. 이곳에 분포하는 염생식물은 모두 16과 33종이며 그 가운데 정화작용이 뛰어난 갈대밭이 5km에 걸쳐 펼쳐져 있다. 갯벌 상류에는 한해살이풀 칠면초가 수북이 자생한다. 처음엔 녹색이었다가 점차 자색으로 변하는데, 일곱 번 색깔이 변한다 하여 그 같은 이름이 붙여졌다.
가을 배 위에서 보는 순천만의 정경은 자못 신비롭다. 유화와 수채화를 뒤섞은 몽환적 분위기와 은은한 수묵화가 절묘하게 결합된 이채로운 정취가 묻어난다.

그 아래로 흐르는 검은 빛깔의 갯벌과 홍시처럼 물드는 낙조의 비경은 그저 아름답다는 말 외에는 별다른 수사를 찾을 수 없게 한다.

"서울에서는 볼 수 없고 찍을 수 없는 풍광이네요. 중앙에서는 인공적인 갈대밭이나 인공적인 숲에서 촬영이 가능한데, 이곳은 말 그대로 천혜의 자연이 세트장이잖아요. 남도의 경쟁력은 바로 때 묻지 않은 자연인 것 같아요."

이지영 CJ 신임감독은 순천만의 풍광에 반해버렸다며 감탄사를 연발한다. 이 감독은 "개발하고 건물 짓는 것보다 이곳의 풍광을 원형 보존하며 지역색을 가미한 홍보에 주력해야 한다"고 조언을 한다.

오후 일정을 마치고는 제1회 동물영화제가 열리는 순천만정원으로 발걸음을 옮겼다. 이곳은 아이들과 반려동물을 동반한 가족이 '야생'과 야외상영을 즐길 수 있는 최적지였다. 한마디로 순천만은 인간과 동물, 식물 어쩌면 모든 생물이 교감하고 소통하는 '에덴'과도 같은 곳인지 모른다.

팸투어에 참가한 일행은 영화제가 끝나고, 이후 술잔을 기울이며 영화와 영상을 화제 삼아 의미 있는 대화를 나눴다. 그들의 기억 속에 기억될 남도의 경이로움이 빛나는 영상으로 기록되었으면 싶다. 소박한 바람이 있다면 영화를 제작하다가 힘들 때, 오늘 보았던 남도의 풍광이 작은 위안이 되었으면 한다.

Chapter 25

군산
근대문화거리

시간이 빚어낸 편린과 풍경

군산은 시간이 만든 도시다. 여느 도시처럼 아파트와 건물로 이루어진 도시가 아니라 시간이 빚어낸 도시다. 하여 이 도시에 들어서면 시간이 빚어낸 편린과 풍경을 마주해야 한다. 도시는 한무리의 사람들이 빠져나간 장날의 하오처럼 한갓지다. 스스로를 드러내지도 않으며 규모나 사이즈로 이편을 위압하지도 않는다. 쓸쓸하면서도 쓸쓸하지 않는, 남루하면서도 남루하지 않는, 이 도시가 주는 친연성은 무시로 사람의 발길을 붙든다.

무엇보다 군산에 가면 주눅이 들지 않아서 좋다. 잊고 있었던 오랜 친구를 만난 느낌이다. '먼 곳에서 벗이 찾아오니 이 또한 반갑지 아니한가'(有朋自遠方來 不亦樂乎 유붕 자원방래 불역낙호). 논어의 한 구절이 저절로 떠오른다. 군산은 겉만 번지르한 콘크리트로 쌓아올린 도시들과는 결이 다르다. 속도와 자본으로 세워진 여타의 도시와도 다르다.

이 도시는 사람이 머무른 흔적을 고스란히 껴안고 있다. 오늘의 역사와 문화라는 이름으로 불리는 거창한 것들은 사실은 시간의 잔해에 지나지 않는다.

그렇다. 한마디로 군산의 문화는 근대의 문화다. 개항과 근대 그리고 수탈과 소외. 오늘의 군산을 집약하는 말들이다. 속살을 비집고 들어갈수록 시난고난한 역사의 흔적과 만나게 된다. 민초들의 삶의 현장에는 곽곽한 세상살이의 남루함보다 질곡의 시대를 건너온 스산함이 배어 있다.

군산(群山)은 말 그대로 '산의 무리'라는 뜻이다. 산이 그처럼 많다는 뜻일 터인데, 그러나 시가지에는 그다지 산이 많지 않다. 기껏해야 나지막한 산이 두어 자락 걸쳐 있을 뿐이다. 그렇다면 '군산' 지명은 어디에서 연유했을까. 옛 문헌에 따르면 군산 앞바다에 펼쳐져 있는 군산도(群山島)를 선유도라 불렀다 한다. 고려시대에는 송나라와의 무역의 기항지일 만큼 번성했다. 그러나 조선시대에는 왜군이 자주 출몰해 군산도(선유도)에 수군진영을 설치했다. 그러던 것이 세종 때 군산진이 옥구현(지금의 군산시 옥구군) 북쪽으로 이동하면서 '군산'이란 명칭까지 더불어 옮겨가게 되었다.

그로 인해 선유도는 "예전의 군산도"라는 이름의 '고군산군도(古群山群島)'로 불리게 되었고, 지금의 군산 명칭은 당시 옥구현으로 옮겨온 지명이 그대로 굳어진 것이다. 태생적으로 군산은 바다와 면한 탓에 외부의 세력과 역학관계를 형성할 수밖에 없었다.

'섬의 무리'라는 뜻의 군산(群山). 이 항구도시에는 금강 하류가 굽이쳐 흐른다. 정확히 말하면 서해로 빠져나가는 금강 물줄기와 연안으로 흘러드는 바닷물이 만나는 지점이다. 물산이 풍부하고 교류가 번다할 수밖에 없는 지형적, 물적 토대를 갖춘 셈이다. 일제가 수탈의 본거지로 눈독을 들였던 이유이다.

'팔월의 크리스마스' 배경이 된 초원사진관

그 영화를 본 적이 있다. '팔월의 크리스마스'. 군산 구도심을 배경으로 젊은 청춘들의 잔잔한 사랑을 그렸던 영화다. 당시 최고 인기 배우였던 심은하와 한석규가 출연해 장안의 화제를 모았던 작품이다. 영화는 삶과 죽음의 경계를 아날로그적 감성에 덧입혀 그렸었다. 인물의 심리를 섬세하게 터치했던 아날로그 감성은 여전한 울림으로 남아 있다.

부디 부탁하건대 아날로그를 진부한 것으로 규정하지 말자. 모든 새로움은 오래된 것으로부터 발현되고 진화하지 않던가. "우리 것이 좋은 것이여"라는 말은 오래되고 익숙한 것을 현재라는 시간 앞에 소환해내는 지극한 상찬이다.

신흥동에 있는 '초원사진관'은 촬영의 주무대가 되었던 공간이다. 영화가 만들어질 당시의 분위기가 여전히 남아 있다. 이곳에서의 시간은 흐른다기보다 정체되어 있다. 그러나 이 정체는 퇴보나 퇴행, 뒤떨어짐을 상정하지 않는다. 삶을 바라보는 관점이나 자세, 시각을 포괄하는 준거다. 디지털 방식으로는 포획되지 않는 본질을 들여다보는 명징한 창이다.

한동안 초원 사진관 앞에 서서 주변을 응시한다. 영화에서 봤던 풍경이 고스란히 펼쳐진다. 어린 시절 어느 읍내에서나 봤음직한 장면과도 겹쳐진다. 사진관의 공간은 많은 이들에게 공통의 정서와 의미를 환기한다. 벽면에는 고만고만한 흑백 사진이 내걸려 있고 사람들은 연출에 의해 만들어진 미소를 짓고 있다. 흐르지 않는 장면이, 변하지 않는 모습이, 고정화된 공간에 담겨 박제되어 있는 것이다. 그러나 다시 말하지만 이런 풍경을 진부한 것으로 단언하지 말자. 가장 진부한 것이 가장 새로운 것이며, 가장 비루한 것이 가장 화려하며, 가장 낮은 곳이 가장 높은 곳이며, 가장 빈한한 자가 가장 부요하며, 가장 비천한 것이 가장 존귀하며, 가장 남루한 곳이 가장 은혜로운 곳이다. 우리의 삶에는 늘 역설과 반전의 미학이 배면에 드리워져 있다. 겸허를 잊어서는 안 되는 이유를 저 낡은 사진관은 보여준다.

영화는 읍내에서 작은 사진관을 꾸려가는 노총각 사진사 정원(한석규)과 주정차 단속을 하는 여경 다림(심은하)이 주인공으로 등장한다. 무더운 여름 날, 주정차단속을 하는 다림이 필름을 인화하러 사진관에 들른다. 두 사람은 점차 호감을 갖게 되고, 사랑의 감정이 싹튼다. 치매에 걸린 아버지를 모시고 사는 정원의 가슴에 비로소 한 여인이 들어선 것이다.

그러나 몸이 아파 병원에 들른 정원은 뜻밖에 '시한부 삶'을 통보 받는다. 세차게 비가 들이치는 어느 여름 날 정원은 앨범속의 사진을 정리한다. 혼자 남겨질 아버지를 위해서 리모컨 사용법도 알려준다. 소리 없이 우는 정원의 모습은 세차게 들이치는 빗줄기에 묻혀 애절함을 더해준다. 그날 이후 정원은 사진관 문을 닫고 더 이상 다림을 만나지 않는다. 그리고 어느 순간 정원의 모습은 영정사진으로 대체된다.

'8월'과 '크리스마스'는 '낯설게 하기' 기법만으로는 설명되지 않는다. 8월은 한여름이고, 크리스마스가 있는 12월은 한겨울이다. 단순한 언어적 모순을 뛰어넘는 생명과 죽음의 대비다. 죽음과 생은 따로 분리되지 않고 하나로 겹쳐 있다. 정원의 죽음이 그다지 슬프거나 어둡게 그려지지 않는 이유다. 화면 가득 눈발이 흩날리고 두 젊은이의 짧았던 사랑은 그렇게 잔잔한 음악속에 묻힌다. 크리스마스는 한겨울이지만 새로운 탄생의 의미가 투영된다. 물론 다림이 정원의 죽음을 알게 된 것은 이듬해 슈퍼를 운영하는 마을의 아주머니를 통해서다.

"예상했던 것보다 사진관이 깨끗할 뿐 아니라 보존이 잘 돼 있네요. 군산에 가면 꼭 이곳에 들르라는 친구의 말을 듣고 왔습니다. 영화 속에서 정원이 필름을 인화하며 다림을 기다리는 모습이 바로 눈앞에서 펼쳐지는 것 같아요."

창원에서 왔다는 대학생 한송희, 조현지 씨의 말이다. 이들은 군산의 분위기가 촌스럽거나 남루한 것은 아니라고 말한다. 시간이 끄는 힘, 시간이 지닌 은근한 매력이 있다는 증거다. 이야기를 나누는 동안에도 많은 이들이 사진관에 들어선다. 대만에서 교환학생으로 왔다는 진계이 학생(전북대 국문과)은 "영화를 보면서 많이 슬펐다. 죽음을 목전에 둔 한석규의 소리 없는 울음에 명치끝이 아팠다"며 "영화 배경이 된 이곳을 꼭 오고 싶었다"고 말한다.

사진관 벽면에 내걸린 영화 속 장면은 삶과 죽음 그 어떤 것에도 편을 들지 않는다. 죽어 있으면서도 살아 있고, 살아 있으면서도 죽어 있을 뿐이다. 실존의 경계만이 아스라이 걸쳐 있다. 다만 이곳을 찾아오는 이들 속에서 '8월의 크리스마스'는 여전히 진행된다.

"하루에 적게는 500명 많게는 2000명 정도 찾아옵니다. 영화 속 주인공들과 대화를 나누기도 하고 사진도 찍기도 하지요. 젊은 사람들이 많이 오지만 더러는 나이가 지긋한 분들도 찾아오죠. 추억과 시간은 힘이 세다는 것을 새삼 느끼게 됩니다."

이곳을 관리하고 있는 이완세(68)씨는 군산에서 외지인이 가장 많이 찾는 명소라고 귀띔한다. 사진을 찍어주기도 하느냐고 물었더니 촬영은 안 한단다.

시간 속의 히로쓰 가옥과 경암동 철길 마을

그가 일러주는 방향("저짝으로 100미터 가서 오른쪽으로 휙 돌면")으로 걸었더니 그 유명한 일본식 가옥이 나온다. 국가등록문화재 제183호 '히로쓰 가옥'. 침탈과 수탈의 역사가 문화재가 되는 역설의 진리를 본다. 정체된 시간은 이렇듯 '꽃'을 피우나보다.

알려진 대로 이 가옥은 히로쓰 게쯔샤브로가 지은 일본식 2층 목조가옥이다.

그는 포목점과 농장을 운영하며 부를 축적했다. 일식 다다미방은 당시 일본인 지주의 삶이 어떠했는지를 보여준다. 커다란 측백나무가 둘러쳐진 담장 안의 가옥은 별천지다. 서민들의 고만고만한 주거지와 변별되는 이곳은 나무와 정원수, 사물들이 집결돼 있을 뿐이다. 공간 하나도 허투루 두지 않는 정교한 배치에 숨이 막힐 지경이다. 빼앗은 것들을, 빼앗기지 않기 위해, 빼앗은 것들로, 쌓아올린 주인의 치밀함이 무섭다. 그들의 후손들은 다시 독도를 빼앗기 위해 다시 법을 고치고 있지 않는가. 근대라는 이름으로 치장된 이 저택에서 시간의 무서움을 본다.

저택은 'ㄱ'자 모양으로 붙은 건물이 두 채다. 1층은 온돌방과 부엌, 화장실이 딸려 있고, 2층에는 다다미방이 갖춰져 있다. 사람들은 정원이 아기자기해 볼거리가 많다고 하지만 정원 속에 있다 보면 피사체가 돼버린 느낌이다. 이곳에서는 영화 〈장군의 아들〉과 〈타짜〉가 촬영되었다. 세월이 흘러 그들의 영화(榮華)가 한편의 영화(映畵)가 되었다.

경암동 철길로 발걸음을 옮겼을 때는 해가 이울었을 때다. 군산의 시간은 흐르고 있었다. 사람들은 이곳을 철길마을이라고 불렀다. 원래 이곳은 바다였다고 한다. 일제 시절 매립이 되었고 1944년 철길이 놓였다. 조촌동에 자리한 신문용지 제조업체 '페이퍼코리아'사의 생산품과 원료를 실어 나르기 위한 포석이었다. 철길의 길이는 페이퍼코리아 공장과 군산역을 잇는 2.5km다. 양쪽 마주보는 마을을 통과하는 구간은 약 1.1km다.

2008년 6월까지 컨테이너 박스를 연결한 기관차가 오전 두 차례 마을을 지났다. 시속 10km 정도의 속도였다. 열차가 두 마을 처마 사이를 관통해 달릴 때, 사람들은 서둘러 일상을 거둬들였다. 빨래나 소소한 물건을 집안으로 들였다. 혹여 살아 있는 생물(애완견이나 강아지)도 사물처럼 끌어당겨졌다. 그들은 그렇게 일상을 꾸렸고, 열차는 달렸다. 열차가 진입해 올 때면 먼곳에서부터 땅이 흔들렸고, 소음으로 사방이 먹먹했다.

기차가 주행할 때면 역무원 서넛이 연신 호루라기를 불었다. 더러는 고함을 쳤고 과격한 수신호도 날렸다. 사람들은 수로처럼 기다란 철길골목에서 그들만의 삶을 살아냈었다. 신기하게 생각했던 외지인들은 근현대의 이색적인 풍경이라고 말했지만, 생을 살아야 하는 이들의 편에서는 그것도 삶의 일부였다.

철길을 따라 걸으며 군산의 속살을 온몸으로 느낀다. 쇳바퀴를 구르며 내달리는 열차가 된 기분이다. 철길이 끝나는 너머에는 사람의 집들과 사람의 건물들이 있다. 그러나 우리들의 삶에는 저마다 얽히고설킨 철길이 놓여 있다. 그리고 그 너머에는 가난하지만 결코 비루하지 않은 저마다의 삶속에 드리워진 철길이 있다. 더러는 아름답고, 더러는 슬픈, 그러나 여전히 눈물과 기쁨과 그리움이 펼쳐진 인생길 말이다.

Chapter 26
장성
금곡영화마을

장성 축령산 자락에 그 마을 '금곡(錦谷)'이 있다. '비단 골짜기'라는 뜻이 말해주듯 금곡은 꽤 부유한 마을이었다. 물론 오래 전 얘기다. 조선시대부터 한지를 생산했는데 그 한지를 비단처럼 생각해, 금곡이라는 명칭이 붙여졌다는 설이 있다. 또 하나, 축령산 골짜기에 깊숙이 박힌 탓에 '검은 골'로 불리다가 후일 금곡으로 바뀌었다는 말도 있다.

어떻든 금곡은 한때 80호가 넘을 정도로 세가 만만치 않았다. 인근 고창이나 장성 읍내에서 급전이 필요한 사람들이 돈을 빌리러 왔을 정도란다. 그러나 한지 수요의 급감과 인근에 제지공장이 생기면서 마을은 쇠락의 길로 접어들었다. 20호 남짓 가구에 40여 명이 거주 할 정도로 마을은 한미한 수준으로 변모했다.

그러나 기억 속에 잊혀져있던 금곡이 화려하게 부활한 계기가 있었다. 바로 영화 때문이다. 몇 년 전만 해도 이곳은 50~60년대 경관을 간직하고 있어 영화를 제작하기에는 최적지로 꼽혔다. 비단 고을에서 영화 고을로의 변화는 금곡이 한 단계 도약할 수 있는 전환점이 되었다. 사람들의 뇌리에 금곡은 확실하게 영화마을로 자리 잡았고, 그와 더불어 이곳을 찾는 이들의 발길 또한 늘었다. 촬영된 영화, 드라마만 해도 수 편이 넘는다. 한국을 대표하는 감독들이 이곳을 배경으로 메가폰을 잡았고 금곡은 남도의 영화 명소로 자리 잡았다. 지금까지 임권택 감독의 영화 〈태백산맥〉(1994년), 이영재 감독의 〈내 마음의 풍금〉(1998년), 김수용 감독의 〈침향〉(2000년), 김종진 감독의 〈만남의 광장〉(2006년), TV드라마 〈왕초〉(1999년)가 제작되었다. 산골 오지의 전경이 스크린을 통해 반영되자 전원을 동경하는 '향수 바이러스'가 급속도로 확산되었다.

산천은 의구하되 마을은 변했네

3월 초순, 기자는 금곡마을을 찾았다. 계절이 지나는 하늘에선 희뿌연 안개비가 내리고 있었다. 축령산 골짜기 때문인지 흐린 날씨는 시원의 분위기를 연출했다. 금방이라도 어디선가 금도끼를 든 산신령이나, 선녀를 찾는 나무꾼이 나올 것 같은 분위기였다. 마을 초입의 영화마을 안내 표지판은 이곳이 촬영의 메카라는 사실을 알려주었다. 오래된 당산나무가 드리운 짙은 음영을 배경으로 한적하고 고즈넉한 분위기가 흘렀다.

그러나 예전에 봤던, 익히 알고 있던 금곡의 모습과는 다소 달랐다. '산천은 의구하되, 마을은 변했네'라는 표현이 맞을 듯싶었다. 다랑이 논 사이로 펼쳐진 주변의 풍광은 여일한데, 마을 자락에는 뭔가 '개화'의 바람이 불고 있었다. 마을은 현대와 과거가 중첩된 이미지가 뒤섞여 예전의 영화가 다소 바랜 느낌이었다. 아니나 다를까, 초가집 일색이던 가옥은 군데군데 슬레이트 지붕으로 바뀌어 있었고, 빈자리마다 새로운 건물이 들어서고 있었다.

그러나 고샅을 따라 마을 안으로 들어서자 예의 익숙한 풍경이 눈에 들어왔다. 비좁은 고샅을 배경으로 켜켜이 쌓인 돌담은 시간의 흐름과 무관하게 자리를 지키고 있었다. 돌담 아래에 자리한 우물에 당도해서야 비로소 금곡마을에 와 있다는 실감이 들었다. 오래된 풍경이, 오랫동안 애써 잊고 있던 풍경이 되살아나는 느낌이었다. 분명 외양은 개량의 모습이었지만, 내부는 여전히 옛 모습이 남아, 과거와 현재가 절묘하게 공조하고 있다는 인상을 주었다.

어디선가 코끝을 스치는 향긋한 냄새가 밀려왔다. 너무도 익숙한, 잊고 있었지만 오랫동안 무의식 속에 자리하고 있던 본향의 냄새였다. 저편 고샅을 타고 연기가 뭉글뭉글 피어올랐다. 밥을 짓는 모양이었다. 아니다. 궂은 날씨 때문에 부러 불을 때, 구들을 데우는지 몰랐다. 흐린 하늘 위로 피어오르는 '냉갈'은 원초적인 그리움과 향수를 자극했다.

연기가 흘러나오는 장소는 영화 〈만남의 광장〉 촬영지로 사용되었던 가옥이었다. 집주인 이 순례 씨가 일행을 반갑게 맞이했다. "이곳에서 영화 〈만남의 광장〉을 찍었어요. 10년 안짝인가 저짝인가 되었는데, 당시만 해도 조용하던 시골이 영화 촬영으로 떠들썩했지요. 무엇보다 우리 마을에서 영화를 찍는다는 사실이 신기했구요."

그녀는 당시의 장면을 떠올리며 희미한 미소를 짓는다. 영화의 내용은 이렇다. 청솔리 마을에 휴전선이 생기면서 사람들은 원치 않게 이산가족이 된다. 사람들은 만남을 위해 땅굴을 파게 되고, 이를 통해 수년간 서로 소통을 해온다. 어느 날 이곳에 영탄(임창정)이라는 남자가 교사로 오게 되면서 이야기가 전개된다. 이곳 외에도 우물 반대편 산자락에 자리한 독립된 가옥도 영화를 찍었던 곳이다. 계곡으로 사시사철 맑은 물이 흐르고 청정한 물소리가 쉴 새 없이 흐른다. 문명에 물들지 않은 이들의 순박한 삶을 그려내기에는 이만한 곳이 없어 보였다. 흐드러진 감나무와 여린 풀들이 주변을 에워 싸 원시의 분위기를 자아낸다. 영화는 이곳 금곡 외에도 하동, 산청 등지에서 찍었다. 금곡 마을이 주 무대로 많이 등장하는 이유는 간단하다. 이곳이 오지 중의 오지인데다 뒤로는 축령산 자락이 뻗어 있어 주제를 구현하는 데 제격이기 때문일 듯싶다.

〈내 마음의 풍금〉의 배경이 되었던 집은 예전의 모습이 아니었다. 불과 몇 년 사이에 '내 마음의 풍금'이 있던 자리는 '펜션이 들어설 공간'으로 바뀌어 있었다. 별수 없이 상상으로나마 영화 속 이야기를 되짚어볼 수밖에. 열일곱의 홍연(전도연)은 초등학교에 부임한 스물 한 살의 총각 선생님 강수하(이병헌)를 짝사랑한다. 그녀는 늦깎이 초등학생으로 막내 동생을 들쳐업고 학교에 등교하는 입장이다. 부임 첫날 수하에게 반해 버린 홍연은 방과 후에도 교실 주변을 맴돌 만큼 사랑의 열병을 앓는다. 그러나 수하는 홍연의 마음을 아랑곳하지 않고, 오히려 동료 교사 양은희(이미연)와 나날이 가까워진다.

사실, 이 영화는 선생님과 그를 짝사랑하는 여제자와의 애틋한 사랑 이야기를 담은 서정적인 시대극이다. 작가 하근찬의 원작『여제자』(81)를 각색한 작품으로 영화화 당시 많은 이들에게 첫 사랑의 아련한 추억을 떠올리게 했다. 사춘기 소녀의 순수한 사랑과 때 묻지 않은 산골의 풍광은 그 자체만으로도 흡입력을 배가시킨다. 예상했던 대로 스크린에 형상화된 수려한 영상과 서정적 음악은 오랜 시간이 흐른 뒤에도 뇌리에 남을 만큼 강렬했다.

물론 이 극적 효과는 금곡이라는 마을을 배경으로 했기에 가능했다. 고샅길 싸리나무 담장, 다랑이논, 초록의 나무들에 둘러싸인 마을의 아늑함은 그 자체로 천연 세트장이다. 임권택 감독의 〈태백산맥〉 또한 이곳을 배경으로 하지 않았다면 탄생하지 못했을 영화다. 임권택이 누구인가. 그는 장성 출신으로 전라도 정서를 아름다운 영상에 덧입혀온 영화계의 거장이다. 어느 분야든 거장들은 자신이 태어난 고향을 모티프로 작품을 형상화한다. 남도의 문화, 전통이 임권택에 의해 영상미학으로 새롭게 읽혀졌던 것은 그 풍광이 주는 아우라 때문이다.

헌데, 한참을 둘러보았는데 〈태백산맥〉의 무대가 되는 가옥은 정확히 어느 곳인지 알 수 없었다. 안내 표지판이 있을 법한데 보이지 않는 것이 이곳 또한 '개량'의 과정에 있거나 이미 '개화'되었을 가능성이 농후하다. 이곳저곳 골목을 둘러보았지만 단서가 될 만한 실마리를 찾지 못했다.

멀리 늙으신 할머니 두 분이 마루에 앉아 이편을 쳐다보고 있다. 할머니들은 낯선 이들의 모습이 그다지 반갑지 않은 모양이다. 느릿느릿 흘러가는 긴 하오 너머로 부드러운 산세에 둘러싸인 금곡의 하루가 하염없이 저물어간다. 영화 〈태백산맥〉에서 금곡은 마지막 빨치산들이 퇴각하던 퇴로로 그려졌다.

이 아름다운 마을이 민족 상흔의 배경을 그린 영화의 무대였다는 사실이 믿어지지 않는다. 아니 믿을 수밖에 없다. 아름다운 풍광 이면에는 늘 그렇듯 처절하리만치 아픈 역사가 드리워져 있지 않은가. 빨치산이 후퇴하면서 벌어졌던 총격전과 최후의 순간을 영화는 사실적으로 그려냈다. 오지 마을이 주는 한적함과 순박함, 고즈넉함, 평온함은 이념 대립이라는 낡은 총구에 의해 갈갈이 찢겨지고 말았다.

가장 남도적인 것이 한국적이며 세계적인 것

마을을 둘러보고 실뱀처럼 드리워진 길을 터벅터벅 내려온다. 겨우내 앙상한 수목들은 불어오는 바람에 몸을 뒤챈다. 며칠 전에 내린 비로 움이 터오른다. 그러나, 내 마음의 금곡은 없다. 단지 내 마음의 영화만 있을 뿐이다. 축령산을 오르내리는 이들도 그저 스치듯 지난다.

부산에서 왔다는 김선호 씨는 말한다. "금곡마을이 영화마을이라고 해서 큰 기대를 하고 왔는데 그렇지 않네요. 곳곳에 펜션만 늘어나고…. 예전에는 초가도 있고 재래식으로 농사도 짓고 그러던데 지금은 너무 많이 달라졌어요. 외지 사람들은 이곳을 영화마을이라 생각하고 찾아오지 펜션에 잠이나 자러 오는 건 아니니까요."

귀담아 들을 말이다. 장성군이 수년 전부터 축령산과 금곡마을을 묶어 산촌휴양마을로 조성하는 생태관광사업을 추진하는 모양이다. 개발과 사업만이 능사는 아니다라는 생각을 떨쳐버릴 수 없다. 혹여 금곡(錦谷)을 '금곡(金谷)'으로 바꾸려는 것은 아닌지 싶다. 비단 고을은 비단고을다워야 정체성을 잃지 않는다. 영화 세트장은 그 시절 그 시대의 모습이 남아 있어야 생명력을 지닌다. 초가가 펜션과 민박집으로, 고샅이 포장도로로 바뀌면 세트장이 아니라 그저 그런 관광지일 뿐이다.

금곡마을은 천혜의 자연환경을 지닌 힐링의 명소다. 뒤로는 축령산 편백나무숲이 가깝게는 홍길동 테마파크와 유서 깊은 문림의 향기가 묻어나는 필암서원이 지척에 있다. 영화마을이 영화마을로 존립하기 위해서는 영상미학을 구현해낼 수 있는 풍경이 오롯이 남아 있어야 하지 않을까. 가장 남도적인 것이 한국적이며 세계적인 것이 아닌지 싶다.

Chapter 27
책 읽는 마을
파주출판단지

사진 / 최현배

문덕의 고장이자 문물교류의 중심지

파주는 수도권 외의 사람들 특히 남도 사람들이라면 웬만해서는 갈 수 있는 지역이 아니다. 특별한 연고나 이유가 없이는 쉬이 찾을 만한 고장이 아니다. 거리상이라는 원인도 있지만 군사적 측면에서 알 수 없는 '긴장'을 갖게 한다. 필자는 군대 시절 한강 도하 훈련을 했던 경험이 있어 그다지 낯선 곳은 아니지만, 심리적인 면에서는 여전히 익숙한 고장은 아니다.

군대를 제대한지 25년이라는 그리 짧지 않은 시간이 흘렀지만 이후로 파주를 방문한 적은 없다. 이유와 어쨌든 특별히 이곳에 올 만한 계기가 없었기 때문이다. 그러나 언제부턴가 파주는 한번쯤 꼭 가보고 싶은 지역 가운데 하나로 마음에 들어와 있었다. 수년 전 '북시티' 조성이 어느 정도 완료된 뒤에는 꼭 들러보고 싶은 문화의 도시였다. 책을 좋아하고 글을 다루는 업을 가진 이들이라면 이편의 심사를 충분히 짐작할 수 있을 것 같다.

혹자들은 '북시티 파주'를 약속의 땅이라고 말하는데 주저하지 않는다. 대체로 삼국시대부터 남과 북을 잇는 서부 교통의 중심지라는 데서 근거를 찾는다. 서울과 개성의 중간에 위치한 지리적 요인은 사람과 물자의 교류를 용이하게 했을 터이다. 동서고금 이래 길을 따라 문물이 전파되는 이치는 만고의 진리다.

그 때문이었을까. 예로부터 파주는 '문덕(文德)'의 고장으로 알려졌다. 문헌에 따르면 이곳은 율곡 이이의 성리학을 계승한 기호학파의 발상지로, 황희 정승 등 이름난 학자를 많이 배출했다. 책과 관련된 지명은 지금도 곳곳에 남아 있어 문향(文香)의 향기를 발한다. 문종 임금이 친히 이름을 지어 준 문지리(文智理)는 '황희 정승 같은 지혜로운 문장가가 많이 태어나라'는

뜻이 담겨 있다고 한다. 율곡 선생의 거처가 있던 동문리(東文理), 독서동(讀書洞)도 그 의미가 책과 연관돼 있다는 것은 주지의 사실이다.

파주시 교하(交河)읍은 임진강과 한강이 합류해 서해로 흘러가는 곳이다. 두 강이 하나의 강으로 섞인다는 것은 지극히 신비로운 일이다. 인문적 관점에서 두 물줄기의 합류는 새로운 문물의 교섭과 창조를 뜻한다. 실지로 교하는 광해군 (1612년) 당시 문신 이의신이 주장한 수도 천도론의 배경이 된 지역이다. 1990년 초에는 풍수학자 최창조 교수가 통일 이후의 수도 후보지로 언급해 전국적인 관심 지역으로 떠오르기도 했다. 여기에 출판도시 현 주소에 포함된 문발리(文發理)는 글자 그대로 '글이 나오는 마을'이자 '배움을 찾고 깊게 하는 곳'을 나타내는 의미가 담겨 있다. 파주가 근현대사 분단의 아픔이 깃들기 이전에는 문기가 창창했던 인문의 도시였다는 것을 방증한다.

그러나, 출판단지가 자리한 교하읍 문발리는 지리적 이점과 별개로 지대가 낮은 지역으로 알려져 있다. 비만 오면 상습 침수지대로 돌변할 만큼 지대가 낮았다. 적어도 1990년대 이전까지만 해도 조금만 큰물이 나면 범람이 잦아 크고 작은 물난리로 홍역을 치렀다. 긴급뉴스, 뉴스특보라는 자막 뒤로 시시각각 펼쳐지는 범람 장면은 "사람 살 곳이 아니다"라는 부정적 인식을 갖게 하기에 충분했다. 여기에 남북의 정치적 긴장의 상존은 개발과는 거리가 먼 곳으로 인식되게 했다.

저간의 사정으로 북시티 조성은 다소 의외적인 측면이 없지 않았다. 그러나 사람의 생애나 자연의 운명이나 긴 안목으로 들여다보면 상반된 결과로 이어지는 경우가 적지 않다. 역사적, 문화적 관점에서 볼 때 출판도시를 이곳에 건립한 것은 뛰어난 혜안의 발로였다. 서울과 경기 북부 비무장지대를 잇는 '자유로'가 뚫리고 90년대 폐천 부지 활용 방안과 맞물리면서 이곳이 북시티 프로젝트 최적지로 부상한 것은 어찌보면 자연스러운 귀결이다.

공동성의 실현과 향약의 정신 구현

혹자는 북시티는 '한권의 아름다운 책'이라고 말한다. 첫 인상이 그렇다. 책을 만드는 장인의 정신으로 도시를 구상하고 건설했다는 얘기다. 출판문화공동체는 기본적으로 책을 기획하고 생산-유통하는 산업도시로 설정됐다. 하드웨어적 측면에서는 출판인들의 도시에 해당한다. 그러나 그 이면에는 "인간성 회복을 위해서 이 도시를 만든다. 그러므로 이 도시는 인간을 위한 공간이어야 한다."는 철학이 내재돼 있다. 흔히 도시와 건축을 일컬어 '시대의 거울'이라 한다. 일반적으로 도회적 삶이 가시적 형태로 드러난 것이 도시와 건축물이다. 90년대까지만 해도 일반적인 대도시의 모습은 무질서, 부조화의 모습이었다. 그 안에 인간이 거주하고 있다는 느낌보다 건물이 지배하는 삭막한 풍경이 있을 뿐이다.

무엇 때문일까. 아마도 '공공성'에 대한 치열한 고민 없이 건물 위주의 도시를 구획했기 때문이리라. 전문가들은 압축 성장과 개발 독재로 이어진 경직된 사회가 급격히 세계경제질서에 편입되면서 가치관의 혼란과 맞물리며 초래된 양상과 무관치 않다고 본다.

북시티는 공동의 가치를 추구하는 동시에 좋은 책을 만드는 좋은 공간 구현에 역점을 두었다. 외지인의 관점 내지 방문자의 입장에서 바라보는 북시티 건물은 선과 공간을 아름답게 구현했다는 느낌이 든다. 북시티 홍보 관계자는 "경사진 시계를 확보하기 위한 장치로, 샛강을 살리고 강의 인문적 의미를 지향하고자 하는 고심의 흔적"이라고 말한다.

건물 사이의 간극도 시원하게 동떨어져 있다. 개방성과 친근성을 고려한 설계는 이곳을 방문하는 이들의 시선을 붙잡기에 부족함이 없다.

제각기 독특한 건물들은 '따로 또 같이'라는 개념을 배면에 드리운다. 닮은 듯 닮지 않은 외양의 디자인과 내부의 유연한 공간 배치는 다양한 책의 유형을 떠올리게 한다.

건축가 승효상, 영국의 플로리안 베이겔 등 5명의 건축가는 '비움'을 기치로 내걸었다. 건강한 출판문화와 건축문화는 실험 양식이 아닌 행위와 의미를 창안하고 견인하는 공동체로서의 건물을 지향한다. 건축설계지침을 작성한 플로리안 베이겔은 '고유한 불확정성(Specific Indeterminacy)'의 개념을 제시했다. "예측할 수 없는 삶으로 인해 발생하는 예측하지 못했던 행위들을 최대한 수용할 수 있는 도시를 만들어야 한다"는 의미다. 건물 공간이 내재하는, 그 건물만이 유발할 수 있는 창의성에 초점을 맞췄다는 논리다.

건축코디네이터로 참여했던 승효상은 '비움의 미학'을 상정했다. "통일된 매뉴얼을 설정하는 작업이 곧 의도된 비움을 위한 작업이었다." 그의 철학은 우리 전통 양식인 한옥이나 궁 등에서 보이는 개방성, 포용성과 맞닿아 있다.

책 읽는 도시에서 책 문화가 꽃피는 문화벨트로

출판도시는 한권의 책을 만드는 과정이 집약된 곳이라는 할 수 있다. 원고, 기획, 편집, 교정, 인쇄, 제본, 유통에 이르기까지 전문지식과 기술이 맞물려 돌아간다. 최초 기획부터 마지막 지역 서점에 유포되기까지, 각 과정을 담당하는 업체가 300여개 정도 입주해 있다.

다양한 건축물과 시설을 둘러보는 것은 새 책의 페이지를 넘기는 재미에 비견된다. 역동적인 서사가 펼쳐지는 소설을 읽다가, 서정성 짙은 시를 읽기도 하며, 붓 가는 대로 자유자재로 쓴 수필의 묘미를 맛보는 느낌이다.

문학서적만 해당되지는 않는다. 심오한 사상이 녹아 있는 인문서부터 새로운 자기발견의 중요성을 일깨우는 실용서, 어른과 아이들이 함께 볼 수 있는 유아용 도서에 이르기까지 천차만별이다.

갈대샛강을 가로질러 놓인 응칠교(應七橋)는 대표적 명물이다. '응칠'은 안중근 의사의 어릴 적 이름이다. 북시티에서 마주하는 "하루라도 책을 읽지 않으면 입안에 가시가 돋친다(一日不讀書 口中生 荊棘)"라는 익숙한 글귀를 만날 수 있다. 까만 철판에 새겨진 글씨와 안중근 의사의 얼굴에서 독서의 중요성을 새삼 인식하게 한다.

출판도시문화재단이 입주해 있는 아시아출판문화정보센터는 건물 구조가 이채롭다. 기다란 컨테이너 박스를 수십 개 연결한 형상이다. 북시티의 본부에 해당하는 이곳은 독서, 문화 예술 활동 전반에 관한 정보가 수렴되고 피드백 된다. 한 계단, 한 계단 올라가며 배움의 의미, 학문의 의미를 되새길 수 있는 여지를 제공한다. 이곳에선 다양한 교육 프로그램을 운영하는데 한번에 1000명 정도 수용이 가능하다.

건축물은 저마다 스토리를 담고 있다. 활판공방 '시월'은 현존하는 우리나라 유일의 활판 인쇄소다. 납활자로 인쇄를 해 수작업으로 제본까지 이루어진다. 불과 이십여 년 전의 인쇄소 풍경을 고스란히 담고 있다. 벽면에 부착된 식자판과 윤전기에서 떨어져 내린 활자는 고전적인 서지의 향기와 더불어 상상의 나래를 부추긴다.

인근의 광인사길은 1884년 설립된 최초 민간 출판사 이름에서 유래했다. 일방로인 이 길을 중심으로 열화당, 책방 한길, 살림 앨리스하우스, 김영사 등 익숙한 출판사들이 줄지어 늘어서 있다.

갤러리, 공연장, 북 카페 등 다양한 문화공간도 만날 수 있다. 방학을 맞아 어린이들과 북시티를 찾은 삼사십대 학부형들의 모습이 심심찮게 눈에 띈다.

출판도시라는 본질적 의미를 담고 있는 공간, 아름다운 가게 '보물섬'은 헌책방이다. 문학, 철학, 경제 서적 뿐아니라 음반, 만화책도 진열돼 있다. 가게 앞 무인서가처럼 꾸며진 서고와 벤치는 독서 외에도 토론이나 세미나도 가능할 만큼 공간 구성이 효율적이다. 들녘 출판사 옆의 똥 조형물과 살림 앨리하우스에 있는 기찻길 모형은 생태와 동심의 모티프를 제공한다.

가장 많은 이들의 발길을 붙드는 공간 중 하나로 책과 관련된 소재가 가장 가까운 일상으로부터 비롯된다는 사실을 말해준다.

열화당 대표 이기웅 전 파주출판문화정보산업단지 이사장

"파주출판문화정보단지(이하 파주출판단지)는 원래 산업단지라 공장과 시설이 집약된 곳입니다. 자료실, 박물관, 편집실, 헌책방 등 다양한 공간이 배열돼 있지만 인간이 가장 중요합니다. '휴먼머신'이라는 인간이 없이는 그 어떤 출판도, 문화도 꽃피울 수 없어요."

취재차 파주출판단지를 찾은 기자에게 이기웅(열화당 대표) 파주출판문화정보산업단지 이사장은 "결국은 사람이 문제"라고 강조한다. 이 대표는 현재의 파주출판단지를 구상하고 기틀을 새운 출판계의 역사이자 산증인이다.

*2013년 8월에 진행된 인터뷰입니다.

Q 출판인의 길로 들어서게 된 계기와 '열화당'과의 인연이 궁금하다.

A 열화당은 강릉 선교장(중요민속자료 제5호)의 사랑채 이름이다. 내가 나고 자란, 어린 시절의 추억이 서린 곳이다. 도연명의 『귀거래사』에 나오는 '가까운 이들의 정다운 이야기를 즐겨 듣는다(悅親戚之情話)'에서 따왔다. 5대조인 오은 할아버지가 이 열화당을 지었다. 선교장 식구들이 공동의 뜻을 함께 일궈가며 인간의 가치를 구현하기 위한 처소였다. 오은 할아버지는 집을 지었고,

나는 그 어른을 통해 출판인에 대한 깨달음을 얻었다. 나에게는 5대조 할아버지로부터 내려온 '출판'에 대한 DNA가 있다. 출판사 열화당 명칭은 강릉 선교장 열화당에서 따왔다. 1971년 서울에서 시작해, 2004년 지금의 파주에 새 둥지를 틀었다. 강릉 열화당 역사까지 하면 2015년에 만 200년이 된다. 지금까지 미술과 시각매체, 한국전통문화 분야의 출판을 시작으로 우리 시대를 담아내고 이끌어갈 책들을 엮어왔다. 10년 만에 완간한 『우현(又玄) 고유섭(1905~1944) 전집』(10권)이나 2009년에 개정판을 낸 『안중근 전쟁 끝나지 않았다』 등은 그러한 철학이 담긴 일련의 산물이다.

Q 파주출판단지는 국가가 지정하고 민간이 주도한 국내 유일의 산업단지다. 새로운 문화 창출 기지로서의 이곳의 의미가 남다를 것 같다.

A 출판산업은 저자부터 독자에 이르는 과정이 다양한 가치사슬로 연결돼 있다. 독립적인 소규모 조직이나 개인들의 연합체다…. 90년대 초반 폐천 부지 활용 방안을 모색하던 차에 출판단지 건설이라는 프로젝트가 추진됐다. 특히 자유로가 건설되면서 서울 상암 월드컵경기장, 파주출판단지, 헤이리 예술인마을, 임진각 평화공원이 하나의 벨트로 연계됐다. 머잖아 통일이 되면 개성과 평양을 잇는 한반도 서부의 거대한 문화벨트가 형성될 것으로 기대된다.

Q 처음 구상부터 첫 삽을 뜨고 완공에 이르기까지 그 과정이 순탄치 않았다. 기억나는 에피소드를 소개해 달라.

A 이십 년이라는 짧지 않은 기간 동안 부지확보, 자금조달, 토지 분할 및 분양과 건축에 이르기까지 적잖은 난관이 있었다. 당시 재정경제원에서는 국가산업단지 차원에서 다룰 성질이 아니고 문화체육부에서 다른 방법을 강구해야 한다는 입장이었다. 이유인즉슨 장바구니 물가와 관계있는 산업만 해당된다는 논리였다. 출판산업이 국민경제에 미치는 영향을 인정할 만한 요소가 없다는 거였다.

이런저런 궁리 끝에 나는 가계부를 떠올렸다. 당시에는 연말연시가 되면 금융기관이나 여성잡지사에서 가계부를 배포하던 시절이었다. 이 가계부에 '도서구입비' 항목이 들어 있었다. '도서 구입비'뿐 아니라 교육비 항목에 '교재구입비'까지 따로 설정해 놓았다. 담당 국장에게 달려가 책이 국가발전에 절대적인 지대한 영향을 끼치는 사실을 강조했다. 결과적으로 가계부로부터 얻은 지혜가 지금의 출판단지라는 큰 물길을 열었다.

Q 21세기는 문화의 시대다. 출판단지가 고품격 문화예술도시로 거듭나기 위한 프로젝트를 추진하는 걸로 알고 있다.

지금까지는 출판인들이 근무하는 출판단지 이미지가 강했다. 앞으로는 독자들과 함께 하는 문화예술 공간으로의 변신을 시도하고 있다. 문화재단에서 추진하는 내용을 보면, 책과 함께 하는 문화예술 향유에 초점이 맞춰져 있다. 열린 도서관, 책방거리 조성 및 콘텐츠 개발, 어린이책 잔치, 국제인문학 축제 등은 좋은 사례라고 본다.

Q 박근혜정부가 '문화융성', '문화가 있는 삶'을 모토로 문화부흥을 기치로 내걸었다. 출판 전문가로서 보는 견해는 어떤가.

A 역대 정권은 대부분 문화를 장식물로 생각했다. 진정성이 없었다. 문화는 일상 모든 분야에 자연스럽게 스며들어야 한다. 특히 책은 모든 문화의 기초가 되는 원재료다. 교육, 문화, 예술, 복지 등에 독서와 출판이 스며들지 않고는 문화예술을 꽃피울 수 없다. 출판도시와 같은 문화예술 추진체가 문화장터, 문화허브로서의 역할을 감당할 수 있도록 재정적, 제도적 지원이 필요하다.

Q 빛고을 광주는 문화예술중심도시에 미래가 달려 있다고 해도 과언이 아니다. 출판도시를 구상한 장본인으로 남다른 관심이 있을 것 같다.

A 구슬이 서말이라도 꿰어야 보배라는 말이 있다. 광주에는 '구슬'이 많다. 먼저 구슬을 꿰기 위해서는 구멍을 뚫어야 한다. 귀를 활짝 열어야 한다는 의미다. 다음으로 가늘고 질긴 줄이 있어야 한다. 깨달음이 많은 사람들이 함께 연대를 해야 한다는 뜻이다. 귀는 열고 자신을 낮추는 겸손의 바탕에 네트워크를 형성해야 한다. 듣지 않고 연대하지 않고는 문화중심도시는 요원하다.

Chapter 28
안동 하회마을

2010년 세계문화유산에 등재된 안동 하회마을은 한국적인 문화가 숨 쉬는 지역이다. 일반인들에게 하회마을은 탈춤으로 유명한 고장이다. 이곳에서는 해학과 풍자를 느낄 수 있는 탈춤 축제가 매년 가을에 개최된다. 양반과 중인, 평민 그리고 머슴이 어울려 해학의 한마당이 걸판지게 펼쳐진다. 하인과 평민이 탈춤이라는 매개를 통해 양반들의 위선과 가식을 눙치듯 꼬집는다.

하회마을은 풍산류씨가 600여 년간 대대로 혈연마을을 이루며 살아온 곳으로 기와집, 초가를 비롯한 전통가옥이 다수 남아 있다. 이중환은 택리지에서 '강거의 제일은 평양이요, 계승의 제일은 하회'라고 극찬한 바 있다. 과연 그럴 듯한 것은, 낙동강 물줄기가 남쪽으로 흘러가다 화산을 만나 반원의 항아리처럼 휘돌아가는 지점이 바로 하회이기 때문이다. 혹자는 물과 땅이 서로 얽혀 S자 형상의 태극을 닮았다고도 한다. 도도히 흐르다 마을을 에돌아 궁극의 지점을 향해 내달리는 물은 그렇게 문화를 꽃피운다.

하회를 찾는 이들은 오랜 세월 속에서도 한국적 문화 유적을 지켜올 수 있었던 비결로 선비정신을 꼽는다. 공자가 "군자는 의리에 밝고 소인은 이익에 밝다"고 한 말처럼, 선비정신은 의와 충절로 수렴된다. 조선 성리학의 가치에 부합하는 충의와 지조가 일상의 삶에서 유무형의 문화와 정신적 가치로 구현됐음은 불문가지다.

유네스코는 세계문화유산 등재 결의서에서 주거 건축물과 정자, 정사(精舍), 서원 등이 조선시대 사회 구조와 독특한 유교적 양반문화를 잘 보여주고 있다고 평가했다. 전통이 오랜 세월 동안 온전하게 지속되고 있어 세계유산으로 손색이 없다고 본 것이다. 비단 주거적·건축적 측면만 전통과 조화를 이루는 것이 아니다. 이곳에서는 유학자들의 학문적·문화적 성과물과 세시풍속, 관혼상제가 주민들의 생활과 신앙에 관계된 무형 유산으로 세대를 이어 전승되고 있다.

유네스코의 평가가 아니더라도 하회에 한번 들러보면 이곳이 왜 한국적 문화의 응결지인지를 자연스럽게 인식하게 된다. 문화는 구구절절 설명하지 않아도 오감으로 느껴지고 체득되는 그 무엇인 것이다. 하회마을에 와서 굳이 유구한 문화니 한국적 가치니 하는 고상한 수사를 들먹이지 않더라도 자연스레 수긍을 하게 되는 것은 그 때문이다.

지금의 하회마을이 명문가문 풍산 류씨 집성촌으로 발돋움한 것은 조선 중기로 거슬러 올라간다. 입암 류중영(1515~1573)과 그의 두 아들 겸암 류운룡, 서애 류성룡이 배출되면서부터다. 입암은 1540년(중종35)에 과거에 급제해 좌부승지, 황해도관찰사, 승지 등을 역임했다. 그의 큰 아들 겸암은 퇴계 이황의 수제자로 정계보다는 도학을 강구한 처사이며, 지방관을 지낼 때는 백성들을 어질게 다스려 주민들로부터 존경을 받은 인물이다. 작은 아들 서애는 많은 이들에게 알려진 대로 임란을 극복한 명재상 류성룡이다.

입압고택(立巖古宅)은 풍산 류씨 종택이다. 솟을대문을 통과해 안으로 들어서면 -자 형태의 사랑채를 만날 수 있다. 대부분 사랑채가 남향인데 반해 이곳은 정면을 향하고 있어 어느 종택과는 다른 아우라를 느낄 수 있다. 사랑채 당호 '立巖古宅'은 석봉 한호의 글씨로, 활달하면서도 역동적인 기운이 응집돼 있다. 말 그대로 입암 류중영의 고택이라는 뜻인데, 후일 장자인 류운룡이 물려받아 이곳에서 거주했다. 임압고택이라는 현판의 글자와 달리, 이 종택의 실질적인 당호는 양진당(養眞堂)이다. "자신의 본성을 잘 기른다"는 뜻으로 겸암 선생의 6대손인 류영의 아호에서 비롯됐다. 이 가옥에서는 문중이 모여 대소사를 논의했으며 요즘에는 학술이나 세미나 관련 공간으로 쓰인다.

양진당에서 나와 가옥이 늘어선 거리를 따라 가다보면 마을의 넓은 공터가 나온다. 대부분 전통가옥이라 비슷비슷해 어디가 어디인지 구분이 되지 않는다. 또한 입암, 겸암, 서애 등과 같은 호는 이곳을 찾는 이들에게 다소 생소하다는 느낌을 준다. 어쩌면 타임머신을 타고 조선의 어느 한때로 회귀해 있는 것 같은 착각이 들기도 한다. 외지인들은 당호의 뜻을 되새기고 비로소 고택의 주인을 알게 된다.

충효당은 서애 류성룡(1542~1607)의 종택 당호다. 서애 사후에 선생의 학덕과 청렴을 기리기 위해 지어졌다. 사실 관직에서 파직을 당하고 낙향했을 당시의 집은 지극히 단출했다고 한다. 더욱이 장례를 치를 수 없을 만큼 서애의 삶이 검박해 선비들이 추렴을 했다는 말도 있다. 이처럼 마을 사람들이 한 푼 두 푼 경비를 모아 장례를 치

렀다는 것은 그만큼 서애를 마음으로부터 우러러봤다는 방증이다. 청렴강직한 서애의 성품이 있었기에 임란의 절체절명의 위기를 극복했을 거라는 얘기다.

"이곳은 선생의 맏손자 류원지와 그의 아들 류의하가 지었습니다. 당호를 충효당이라고 지은 것은 서애 선생이 임종할 당시 후손들에게 내린 유훈 때문이지요."

서애의 14대손 류승호 씨의 말이다. 충효당 기념관에는 선생의 초상화, 징비록 사본, 영의정 임직을 받을 당시의 교지 등 여러 유물이 보관돼 있다. 유물 속에서 또렷이 빛나는 건 징비의 정신과 나라를 사랑하는 애국의 정신이다.

류성룡은 명재상이었던 만큼 사람을 보는 눈도 남달랐다. 임란 당시 선조에게 이순신을 천거했으며 권율을 기용하라고 간언했다. 이로써 정읍현감이었던 이순신은 전라좌수사로 임명돼 바다를 지키고, 형조정랑인 권율은 의주목사로 육지를 방비하는 중책을 맡게 된다.

류성룡의 초상화 앞에 서면 나라와 백성을 위한 충심을 오롯이 느낄 수 있다. 만약 임진왜란 당시 그가 없었다면 오늘의 대한민국 운명은 어떻게 되었을까. 사람들은 당대와 오늘의 상황을 비교하며 안타까워한다. "오늘의 정치에는 충신은 없고 간신만 득실거린다"는 어느 방문객의 말이 날카롭게 파고든다.

충효당을 나와 하회마을 앞으로 흐르는 낙동강을 따라 걷는다. 발걸음이 당도한 곳은 류성룡이 '징비록'을 집필한 옥연정사다. 그는 없지만 명재상의 충심을 오롯이 느낄 수 있다. 종택과 떨어진 외진 산자락 아래에서 류성룡은 이렇게 썼다. '지난 일을 뉘우치고 앞으로의 교훈을 잊지 말자'고.

원래 '징비(懲毖)'는 중국 고전인 '서경'에 나오는 말이다. "미리 잘못을 뉘우치고 경계해서 뒤의 환란을 대비한다"는 뜻으로 징비의 정신은 오늘날 우리들에게 많은 것을 생각하게 한다.

충효당을 나와 하회마을을 내려다볼 수 있는 부용대로 걸음을 옮긴다. 부용대는 하회마을을 상징하는 또다른 고유명사다. 부용(芙蓉)이 연꽃을 뜻하는 말이라면, 부용대는 연꽃을 내려다보는 절벽이다. 아닌 게 아니라 부용대에 올라 바라보는 하회마을은 한 폭의 연꽃을 닮았다. 물 위에 함초롬히 떠 있는 한 송이의 연꽃. 찰랑이는 물살에 흔들리면서도 흔들리지 않는 정밀한 풍경이 압권이다. 한 송이 연꽃은 그렇게 강렬하면서도 간결한 이미지를 준다.

서애의 '징비' 정신이 새롭게 다가오는 것은 국정농단과 국민농단으로 그만큼 시국이 어지럽기 때문일 것이다. 나라와 국민은 안중에 없고 오로지 자신들의 안위와 욕심을 위해 나라의 곳간을 축내고 법치를 훼손한 이들 때문에 나라의 존망은 위태로운 지경에까지 이르렀었다.

오늘의 '고관대작들'은 한번쯤 이곳에 들러 징비(懲毖)의 뜻을 되새겨야 하지 않을까. 재물과 권력, 신분과 지위는 한낱 모래성에 불과하다. 그것은 부패하기 쉽고 무너지기 쉽다. 그것은 또한 허명이며 본질이 아니다. 손에 쥐면 금새 사라지고 마는 한 줌의 모래와 다르지 않다. 그러나 나눔과 베풂, 희생, 봉사로 집약되는 종가의 정신은 영원하다. 무엇이 중한지는 자명하다.

Chapter 29
화순 조광조 유배지

역사의 고풍과 깊이를 느끼고 싶은 날이 있다. 정처 없이 길을 떠나 불현 듯 들리고 싶은 고장 가운데 하나가 화순 능주다. 능주(綾州)에는 가벼이 흘려들을 수 없는 상흔의 역사와 비경이 감춰져 있다. 느적느적 게으름을 피우며 왔다가, 가슴 깊이 짠한 통증을 안고 돌아가는 곳이 능주다.

능주역은 외진 곳에 자리하고 있다. 지역을 알기 위해서는 사람이 들고 나는 곳에 가보라는 말이 있다. 기차가 서는 작은 간이역에서부터 능주를 더듬어보기로 한 것은 그 때문이다.

한나절 발품이면 능주의 속살을 속속들이 엿보고도 남을 만큼 능주는 소담하면서도 특유의 정취가 묻어나는 고장이다. 역사(驛舍)도 작은데다, 입간판도 주의해서 보지 않으면 잘 보이지 않는다. 2차선의 본 도로에서 멀찍이 떨어져 있어 자칫 허방걸음을 하기도 쉽다. 역사건물은 농협 창고 같기도 하고, 시골의 작은 교회 예배당 같은 분위기도 없지 않다.

능주역은 1930년 12월에 개통했다. 중간에 화재로 역이 소실되자 1957년에 새로 지었다. 이 작은 역은 반백년이 넘은 세월 동안 들고나는 열차들을 자식처럼 배웅하고 맞아들였다. 간이역에 오면 어머니의 마음이 느껴지는 건 그 때문이다. 현재는 무궁화호가 하루 여덟 차례 왕복한다. 작은 간이역이지만, 지금은 폐역이 된 만수역, 석성리역까지 관할하는 엄연한 보통역이다.

역전슈퍼라는 간판이 반갑다. 어디에서 본든 역전 슈퍼는 그 이름만으로도 친숙하다. 소식이 끊겼던 오랜 친구를 만났을 때의 기분이라고나 할까, 추억의 회로를 타고 옛 시절로 돌아간 느낌이다. 번다한 시절에는 꽤나 많은 이들이 슈퍼를 들락거렸을 것이다.

역은 고적하다. 역무원이 잠시 자리를 비웠는지 대합실에는 정적의 긴 그림자만 어른거린다. 빈집의 허허로움이 느껴졌지만 그렇다고 썰렁하지는 않다. 대합실 안에 놓인 서너 개의 화분과 안내책자가 비치된 책꽂이는 무심한 듯하나, 배려의 흔적이 남아 있다.

불어오는 바람에 은행나무 잎이 팔랑거린다. 유유히 흘러가는 바람의 궤적 뒤로 겨울이 성큼성큼 다가오고 있다. 철지난 코스모스가 무겁게 꽃잎을 이고 있고, 시든 해바라기는 가을볕에 목을 늘어뜨린 채 동면을 채비한다. 간이역은 한가함보다 변방 특유의 분위기가 흐른다.

각설하고, 화순 능주(綾州)는 참 매력적인 고장이다. 유서도 깊고 산세도 빼어나다. 문헌에 따르면 마한시대에는 부족국가로 여래비리의 소재였다. 백제시대에는 이능부리 또는 연주부리, 중순부리라 이름하였고 통일신라시대에는 능성군이라 칭했다. 예로부터 이곳에선 누에를 많이 쳤다고 한다. 누에머리의 형상을 한 산이 병풍처럼 둘러쳐져 있는 걸 보면 충분히 짐작할 수 있는 대목이다. 잠실이라는 마을 지명도 이에서 연유한다.

고려 태조 23년(940)에 능성을 비단 능(綾) 자로 쓰는 능성으로 개작하였다. 그러다 인조 10년(1632)에는 능성고을이 인조 어머니인 인헌왕후의 성씨인 능성구씨의 성향이라 하여 현에서 주목으로 승격, 능주로 개칭된다.

조선말기만 해도 능주가 화순보다

정치적, 사회적으로 우위에 있었던 건 그런 연유다. 그러나 1910년 일제는 대한제국을 병합한 뒤 능주군을 화순군으로 개칭하고 군청을 화순으로 이전한다. 이후 근대화라는 물살에 밀려 능주는 사실상 화순군에 통합되기에 이른다.

불어오는 산바람에 반짝이는 물비늘

영벽정(映碧亭). 그 정자로 간다. 그 정자에 가서 다리쉼을 하련다. 능주역에서 500여 미터 남짓 거리. 긴 넥타이 같은 비좁은 도로를 지나, 차단기가 있는 철길 건널목을 지나, 푸른 산바람이 불어오는 정겨운 공간을 지나, 영벽정으로 간다. 지석천 상류에 진주처럼 박혀 있는 그곳으로 간다.

영벽정을 보지 않고는 능주를 안다고 말해서는 안 된다. 그 정자에 앉아 지석강 푸른 물을 보지 않고는 산자수명 화순을 안다고 자랑해서는 안 된다. 병풍을 두른 듯 얌전하게 에둘러 앉은 산자락의 자태를 보지 않고는 시인묵객의 풍류를 안다고 해서도 안 된다.

영벽정은 그런 곳이다. 간이역의 풍광과 절묘하게 어울리는 정자다. 가보지 않고, 느끼지 않고, 호흡하지 않고는 그곳의 진경을 묘사할 수 없다. 진경은커녕 상상도 할 수 없다. 점잖은 충고니 애저녁에

그만 두시라.

오솔길을 따라 들어가자 부드러운 흙길이 이어진다. 아름드리 버드나무가 기다란 가지를 늘어뜨리고 있다. 그 모습이 머리를 풀어헤치고 머리를 감는 형상이다. 능주팔경의 하나인 영벽정이 넓게 길손을 맞는다. 영벽(映碧). 사물의 상이 되비쳐 보

인다는 말이다. 정자의 맞은편 연주산의 자태가 지석천의 수면에 어린다. 물은 스크린이다. 가장 부드럽고 역동적인 스크린이다. 잔물결에 상이 스며든다. 물빛에 어린 자신의 모습에 반해 물에 빠져 죽었다는 신화 속 인물 나르시스가, 이곳에선 이해될 것도 같다.

과연 영벽정이다. 이름을 능가하는, 이름을 무색하게 하는 풍광이다. 불어오는 산바람에 물비늘이 미세하게 반짝인다. 반짝이다 못해 물비늘이 누각의 처마 위로 튕겨져 오를 것만 같다. 하루에 여덟 번 경전선 열차와 화물 열차가 쇳소리를 내며 이곳을 지난다. 휘어진 곡선을 따라 내달리는 열차의 질주는 또 하나의 진풍경이다. 경전선 철길이 지석강을 가로질러 영벽정 뒤를 지나면서 계절마다 색다른 풍경이 만들어졌다.

영벽정의 정확한 건립 연대는 알 수 없다. 학포 양팽손이 이곳에 와 시를 읊은 것으로 보아 16세기 후반으로 추정된다. 짐작하건대 그의 '사상적인 벗' 조광조가 개혁의 꿈을 이루지 못하고 사약을 받고 죽은 이후, 이곳에 와 울분을 달래지 않았을까 싶다. 범박하게 말하면 정자는 바깥세상에서 안으로 숨어든 선비들이 시문을 짓고, 학문을 논하던 곳이었다. 숨어 있으되 밖을 지향하는, 엄밀히 말하면 밖을 경계하는 그러면서 끊임없이 자연을 향한 말걸기를 시도하는 공간이었다.

문헌에 따르면 영벽정은 이후 인조 10년(1632)에는 능주 목사 정윤이 개수해 아전들의 쉼터로 사용되기도 했다. 그러다가 고종10년(1873)에 목사 한치조가 중건했다. 대개의 정자는 단층인데, 영벽정은 2층 형태다. 계단을 밟고 올라가야 한다. 전형적인 한식목조 누각으로, 맺힘이 없는 시원한 구조다. 가장 큰 특징은 지붕 처마에 있다. 세 겹으로 단장한 처마는 자못 화려한 이미지를 연출한다. 마루를 계자난간으로 장식한 점도 미학적인 양식이 돋보이는 부분이다. 현판의 글귀는 옛 사람들의 풍류가 담겨 있다.

바람이 대숲을 건들자 "쏴-"하는 쌀 씻는 소리가 들린다. 뒤이어 무수히 많은 물이랑이 수면에 뜬다. 물에 비친 산그림자가 이내 지워지고, 풍경마저 부서진다. 천하의 진경도 자연의 섭리 앞에서는 어찌할 수 없나 보다. 계절이 바뀌고 또 눈이 내리면 이곳의 절경은 색다른 풍취를 펼쳐 보일 것이다.

검박한 초가집에 깃든 사내 대장부의 충혼

능주 하면 떠오른 인물이 정암 조광조다. 그가 없는 능주를 상상할 수 없고, 능주가 없는 조광조 (1482~1519)를 생각할 수 없다. 이제부터는 그를 이야기해야겠다. 능주역에 내리면 조광조를 생각해야 한다. 그의 적려유허지(謫廬遺墟址)가 있는 유배지를 들르는 것은 역사에 대한 예의다. 때문인가, 면소재지 초입에 늘어선 메타쉐콰이어 나무는 정심(正心)의 표상으로 읽힌다.

조광조는 불의한 세상을 깨끗이 갈아엎고자 했던 개혁가였다. 그러나 그는 반대파의 음모를 알지 못했다. 읽지 못했다고 말하는 게 맞을 것 같다. 혁명보다 어려운 게 개혁이라고 하지 않던가. 역설적이게도 그는 자신이 개혁 대상이 되어 죽임을 당하는 처지가 되었다.

그는 조선 중종 때 개혁가로 도학정치를 주창했다. 오늘날로 치면 쇄신파로 분류될 수 있겠다. 소리만 요란한, 용두사미로 끝나는, 뻔히 속셈이 보이는 그런 쇄신은 아니다. 중종은 연산군의 패정으로 왕위에 올랐던 터라 지지기반이 미약했다. 조광조는 그런 중종의 신임을 받는 사림(士林)파의 대표주자였다. 사림은 말 그대로 지방 사대부를 지칭하는 세력으로, 공신 세력인 훈구(勳舊)파와 대척점에 있었다.

알려진 대로 중종은 훈구파를 견제하기 위해 사림파를 근위세력으로 끌어들인다. 이 과정에서 중종의 신임을 얻게 된 정암은 중앙정치의 한 복판에 서게 된다. 그는 향약의 실시와 현량과의 도입을 추진한다. 기득권 세력의 확장을 저지하고 민간 중심의 이상사회를 구현하기 위한 방편이었다.

적중거가(謫中居家), 조광조의 유배 처소에 내걸린 팻말이다. 유배 중에 거주하는 집이라는 뜻이다. 빈 마당에 허허롭게 선 은행나무가 눈길을 끈다. 새들이 허공을 가르며 날아와 빈 가지에 깃든다. 이곳의 새들은 노래하지 않는다. 그저 울음을 지긋이 토해 낼 뿐이다. 정암은 이곳에서 기거하며 의연히 죽음을 기다렸을 것이다. 검박한 초가집 너머 옛 선비의 혼이 느껴진다. 죽음 앞에서 초연했던 대장부의 의기와 단심이 전해져온다.

조광조는 당파 싸움의 벽을 넘지 못했다. 권력 다툼과 편 가르기는 그를 묶는 오랏줄이 되고 말았다. '주초위왕'(走肖爲王) 사건은 조광조를 일시에 나락으로 떨어뜨린 변고였다. 그는 예상치 못한 모함에 얽혀들고 말았다. 조광조의 위세에 눌려 숨죽이던 훈구파 일당은 호시탐탐 역전의 기회를 노렸다.

주초(走肖)는 조(趙)를 풀어쓴 것으로 조씨가 왕이 된다는 의미다. 수세에 몰린 훈구파는 홍경주의 딸 희빈홍씨를 통해 모종의 사건을 만든다. 궐내 동산의 나뭇잎에 꿀로 '주초위왕'(走肖爲王)이라는 글자를 쓰게 한 뒤, 벌레가 이를 갉아먹도록 했다. 시간이 지나면서 글자 모양이 드러났다. 궁궐은 이내 발칵 뒤집혔다. 소문은 삽시간에 꼬리를 물고 번졌다. 조광조가 역모를 꾸미고 있다는.

조광조는 이곳에서 적중생활 25일 만에 어명을 받들고 찾아온 금부도사를 맞는다. 그날은 눈이 내려 온통 백색의 세상이었다. 죽음을 예감한 그는 몸을 깨끗이 씻고 의관을 갖춘다.

정암은 사약을 마시라는 죽음의 사자 앞에서 결기를 잃지 않는다. 그는 마지막까지 선비로서 존재했다.

"임근 사랑하기를 아버지 사랑하듯 하였고 / 나라 걱정하기를 내 집 걱정하듯 했노라 / 밝은 하늘이 이 땅을 비추니 / 나의 일편단심을 밝게 비추리"

그는 붓을 들어 마지막으로 절명시를 지었다. 그리고 "내가 죽거든 관으로 쓸 나무는 얇은 것으로 하라. 두껍고 무거운 송판을 쓰면 먼 길 가기 어렵기 때문이니라"는 말을 남겼다. 곧바로 마당으로 나온 조광조는 땅에 무릎을 꿇고 사약을 받았다. 12월의 칼바람이 피를 쏟은 마당 위를 할퀴고 지나갔다. 그 밤, 조광조와 동문수학했던 학포 양팽손은 밤새 곡읍했다. 그 또한 조광조 일파로 몰려 사직을 당해 낙향한 처지였다. 벗의 참혹한 주검 앞에서 그는 개혁의 죽음을 보았다.
적려유허비는 사사를 당한 조광조를 추념하기 위해 세워졌다. 현종 8년 능주목사 이여로가 우암 송시열의 글을 받아 건립했다. 유허비엔 500여 년 풍상의 지문이 오롯이 남아 당시를 증거한다.
어느새 하루가 저문다. 저 멀리 능주 간이역이 보인다. 둥둥둥. 북소리 같은 울림이 어디선가 들려온다. 마음의 북소리다. 기차가 지나는지 미세한 떨림이 여기까지 전해진다. 조광조는 죽음 직전에까지 의연함을 잃지 않았다. 의관을 갖추고 단정한 자세로 독배를 마셨다. 그러나 쉽게 숨이 끊어지지 않자 포졸이 다가와 목을 조르려 했다. "임 금께서 사약을 내리심은 몸을 곱게 보존하려 함인데 어찌 내 몸에 손을 대려 하느냐."

사진으로 보는 문화역사기행
216

Chapter 30

나주 남평역과 드들강

곽재구 시인의 「사평역에서」라는 시가 있다. "막차는 좀처럼 오지 않았다"로 시작되는 시는, 한편의 아름다운 서정시다. 두터운 질감의 수묵화가 연상되는 시다. "대합실 밖에는 밤새 송이눈이 쌓이고 흰 보라 수수꽃 눈 시린 유리창마다 톱밥난로가 지펴지고 있었다" 서정이 풍경을, 풍경이 서정을 따뜻하게 껴안는다. 삶에 드리워진 신산함을 이보다 더 쓸쓸한 아름다움으로 형상화한 시는 없다. 그러나, 사평에는 '사평역'이 없다. 마치 '붕어빵에는 붕어가 없다'는 것과 같다. 화순 사평은 탄광이 있던 지역이다. 비가 오면 검은 비가 흘러내린다. 혹여 사평에 작은 간이역이라도 있었으면 그 쓸쓸함이 덜하지 않을까 싶은 생각이 든다.

시인 곽재구는 사평역의 모티프가 '남광주역'이라고 말한 적이 있다. 그러나, 남광주에도 역은 없다. 원래부터 없었던 것은 아니다. 광주역과 효천역 사이에 남광주역이 있었다. 그러나, 1995년 도심을 가르는 철길이 도심 폐선부지로 지정되면서, 역사(驛舍)는 역사(歷史) 뒤로 사라졌다.

나주 남평에는 '사평역'과 이름이 비슷한 남평역이 있다. 어떤 이는 곽재구의 '사평역에서'의 배경이 이곳이라고 말한다. 그럴 만도 하다. 아담한 역사(驛舍)가 주는 분위기 때문이다. 그러나, 2011년 10월부터 남평역에는 일반 기차가 서지 않는다. 승객이 줄어 폐역의 운명을 면치 못했다. 기실 기차가 서지 않는 역은, 역이 아닌지 모른다. 그러나, 이곳에는 언제든 푸른 기적을 날리며 완행열차가 진입할 것 같은 분위기가 흐른다.

이제야 알겠다. 사평, 남광주, 남평 그 어느 곳도 '사평역'의 무대라고 적시하기에는 어렵다. 물론 시인이 말한 물리적인 '남광주역'이 시적인 공간이라고 말할 수 있을지 모르지만, 언급한대로 역은 현존하지 않는다. 그러므로 '사평역'은 특정 지역에 존재하는 역이 아닐

것이다. 시간속의, 상상속의, 저마다의 추억속에 드리워진 사적이면서도 내밀한 공간이다.
그곳은 80년 5월의 아픔과 슬픔이 투영된 남도인들의 역이다. 마음의 '사평역'을 찾아 먼길을 마다하지 않고 남도를 찾는 이들의 역이기도 하다. 그러나 어떤 역이든 명칭은 '사평역'이어야만 온전히 간이역의 이미지들 드러낸다.

고적함과 깊이가 깃든 남도의 대표 간이역

나주 남평역으로 간다. 역사(驛舍)가 있는 역사(歷史)속의 공간으로 간다. 남평역에서 '사평역'의 흔적을 찾아보고 싶었다. 물리적인 소재지가 아닌 심미적인 공간으로서의 의미를 말이다.
전체적인 느낌이 유적지의 분위기를 닮았다. 정원은 작고 아담하다. 1956년에 지어진 건물은 노후와 쇠락을 벗어나지 못했다. 그럼에도 특유의 고적과 깊이가 흐른다. 옛것이 지닌 아우라다. 옛것은 반드시 힘을 지닌다. 문리와 사유를 근거로 하기 때문이다. 남평역은 2006년 12월에 등록문화제 제299호로 지정됐다. 문화가 숨 쉬고 흐르는 공간으로 재탄생했다.
남평역은 지리적으로는 화순, 경제적으로는 광주, 행정상으로는 나주 영향권에 있다. 사실은 남평역이 자리한 나주가 '주인'이 되는 게 맞다. 역은 폐쇄되었지만 역사 정원으로 보존돼야 하는 이유는, 천년 목사골 나주가 지닌 상징 때문이다.

정원을 둘러본다. 눈으로 먼저 보고, 느린 걸음으로 또 본다. 지나는 가을의 그림자를 아쉬워하듯 시든 국화가 여향을 내뿜고 있다. 향을 들이마신다. 마른 잎과 초록의 새싹이 어우러진 여름 콩 냄새가 난다. 가을에서 겨울로 넘어가는 길목에서 맡을 수 있는 향기다. 정원은 사람의 손을 탄 흔적과 손길이 닿지 않는, 인위와 날것의 이미지가 뒤섞여 있다.

대합실 문을 열고 들어가자 신세계가 펼쳐진다. "그믐처럼 몇은 졸고 몇은 감기에 쿨럭"일 것 같은데, 승객은 없다. 대신 크고 작은 그릇이 공간을 가득 채우고 있다. 하나의 작은 전시실이다.

2014년 남평역에 반가운 소식이 배달되었다. 남도해양관광열차, 일명 S트레인이 하루에 한번 이곳에 정차하게 된 것이다. 8시 48분에 도착해 15분간 머문다. 매표는 차안에서 승무원이 한다.

역사 주위를 찬찬히 둘러본다. 불어오는 바람에 손바닥만한 유리창이 흔들린다. 창 너머로 이른 겨울이 다가오고 있다. 불과 몇 년 전만 해도 사람들은 삼삼오오 이곳에서 열차를 기다렸을 것이다. 혹여 그믐처럼 졸거나, 멍하니 창밖을 바라며 무언가를 생각하면서 말이다. 그들은 다 어디로 갔을까. 추억의 대합실 저편에 웅크리고 앉아 꾸벅꾸벅 졸고 있을지 모른다.

지석강에 자리한 "엄마야 누나야 강변 살자" 노래비

남평역에서 십여 분 거리에 지석강이 있다. 철길 같은 S자 곡선의 방천을 달리다 보면 그 강, 지석강에 당도한다. 불과 몇 년 전만 해도 사람들은 남평역에서 내려 이 강을 찾곤 했다. 지석강이 품은 아름다운 전설과 이곳 출신 작곡가 안성현의 흔적을 찾기 위해서였다.

지석강에 잔물결 위로 투과되는 하오의 볕이 신비롭다. 지석강은 호남정맥의 계당산과 보성 노동, 화순 이양의 경계지점인 예재에서 발원한 물줄기로 영산강의 대표적인 지류다. 지석강의 순우리말은 '드들강'이다. 일설에 따르면 오랜 옛날 이 강변에 드들이라는 처자가 살았다고 한다.

머슴의 딸로 태어난 그녀는 지주의 횡포로 부모를 잃고 수양이라는 머슴 손에 키워졌다. 어느 날 지주가 자신을 범하려 하자 강변에 몸을 던지고 만다. 이곳에 부임한 현관이 억울하게 죽은 드들이의 한을 풀어주자, 거짓말처럼 강의 범람이 멈추었다. 마을 사람들은 강 주위에 나무를 심고 드들이를 보살펴 주던 수양의 이름을 따 수양버들로 이름하였다. 수양버들은 드들이가 그리워 긴 가지를 강으로 뻗기 시작했다. 그리고 밤마다 '드들' '드들' 소리를 내며 흐르는 강물 소리를 들었다.

드들강은 애닯은 전설만큼이나 아름다운 노래가 탄생된 곳이다. '엄마야 누나야'의 곡이 이곳을 배경으로 탄생했다. 김소월의 시에 이 고장 출신 작곡가 안성현(1920~2006)이 곡을 붙였다. 강변 안쪽 솔밭에 시비가 세워져 있다. 2009년 4월 나주시와 노래비 건립추진위원회 등은 안씨의 고향인 남평읍 지석강 백사장에 노래비를 세웠다. 엄마와 누나의 모습을 형상화한 청동상이 강변의 풍경과 조화를 이룬다.

> "엄마야 눈나야 강변 살자
> 뜰에는 반짝이는 금모래 빛
> 뒷문 밖에는 갈잎의 노래
> 엄마야 누나야 강변 살자
> 뜰에는 반짝이는 금모래 빛
> 뒷문 밖에는 갈잎의 노래"

안성현의 생은 유목의 삶 그 자체였다. 예술가에게 있어 떠돎은 문리와 사유를 확장하는 가장 고전적인 방법일 터였다. 그의 출생지는 이곳 남평이지만 17세 때 부친인 가야금산조 명인 안기옥을 따라 함흥으로 이주했다고 한다. 이후 일본으로 유학을 떠나 동방음악대학에서 성악을 전공했고 귀국해서는 전남지역에서 음악 교사와 작곡가로 활동했다. 그러나 한국전쟁이 일어나자 월북을 한 것으로 알려졌다. 무용가 최승희의 남편 안막의 조카였던 안성현은 끊임없는 변화와 변혁의 삶을 추구했던 것 같다. 안막은 당대 리얼리즘 문학 비평의 선구자였다. 짐작컨대 가계에 흐르는 예술적 감성은 안성현으로 하여금 현실을 새롭게 재구하고 변혁하고자 하는 의지를 갖게 했는지 모른다.

강변 솔숲 언저리에 자리한 노래비는 단아하고 수수하다. 그 위로 금모래 빛 햇살이 부서진다. 찰랑이는 강물이 솔밭에까지 부드러운 화음을 들려준다. 바람이 불어오자 어디선가 갈잎의 노래가 귓가를 적신다. 안성현은 이곳 솔밭 백사장을 떠올리며 곡을 썼을 것이다. 민족의 광복에 대한 희원이 이 곡을 만들게 된 모티프라고 한다.

안성현은 고향으로 돌아오지 못하고 이북 어느 곳에서 생을 마감하였다. 그의 생애에서 금모래 빛처럼 반짝였던 시절은 이곳의 기억이 서린 유년의 한때와 목포 항도여중에서 코스모스 같은 아이들을 가르치던 교사 시절이 아니었나 싶다. 당시 그는 동료 교사인 박기동의 시「부용산」에 곡을 붙여 불후의 노래를 만들었다.

박기동(1917~2004)은 보성 출신 시인이다. 자신의 시「부용산」을 월북한 안성현이 작곡했다는 이유로 모진 탄압을 받았다. 젊은 나이에 호주로 망명하다시피 이민을 가게 된 것도 그 이유다.

그는 평생 이역만리 타국을 떠돌아야 하는 운명을 피할 수 없었다. 그의 시는 아픔과 상흔에 숨죽여야 했던 이들의 가슴을 약동하게 했고 피를 끓게 했다.

> "부용산 오리길에
> 잔디만 푸르러 푸르러
> 솔밭 사이사이로
>
> 회오리 바람 타고
> 간다는
> 한 마디 없이
> 너는 가고 말았구나
>
> 피어나지 못한 채
> 병든 장미는 시들어지고
> 부용산 봉우리에
> 하늘만 푸르러 푸르러"

부용산 노래는 안성현과 박기동 모두 목포 항도여중에 재직할 때 만들어졌다. 당시 빨치산들과 군사독재에 항거했던 이들의 입에서 입으로 전해져 들불처럼 번져나갔다. 박기동 시인은 자신의 저서 「부용산」(2002)에서 시를 쓰게 된 내력을 소상하게 밝히고 있다.

그는 당시에 일본을 왔다 갔다 했기 때문에 오누이의 정을 나눈 적이 없었다고 한다. 학교가 파하면 퇴근길에 병원에 들러 잠깐 간호를 해준 게 전부였다. 그러던 어느 날 동생이 죽음을 예감한 듯한 말을 했다는 것이다. 참 아름다운 세상인데 얼마 안 있으면 갈 것 같다고. "자신이 죽거든 뒷산 부용산에 묻어달라고, 시원스럽게 바다가 내려다보이는 양지바른 곳에……."

박기동 시인은 「부용산」이 "인생의 허무를 노래한 시"라고 했다. 한편으론 "아름다운 것이 그 아름다운 꽃을 피우지 못한 아쉬움"에 대한 허탈감과 상념이 투영되어 있다고 덧붙였다. 그러나 노래가 만들어지고 얼마 후, 빨치산과 군사독재에 항거했던 이들의 입을 타고 노래는 많은 이들의 가슴속으로 번져들어갔다.

박기동 시인은 2000년 시비 제막식에 참석하기 위해 반평생 만에 벌교를 찾았다.

군사정군의 박해로 기나긴 시간을 타국으로만 떠돌아야 했던 그의 생은 기구하면서도 가련했다. 그는 "온종일 산을 헤매었지만 누이동생의 무덤을 찾을 수 없었다"고 했다. 그러면서 그는 "한 떨기 들꽃이 피어 있었는지 모른다"는 말로 무상함을 달랬다. 그렇다. 우리네 삶은 돌아보면 그렇듯 무상한가 보다. 노 시인의 말처럼 간다는 말 한 마디 없이 홀연히 떠나는 게 인생이라는 열차가 아닐지. 아니 떠난다는 그 자체를 인식하지도 못하고 이내 종착역에 닿아 버리는 것은 아닌지. 인생은 무수히 지나치는 한적한 시골의 간이역 그 이상도 이하도 아닐 것 같다.

드들강변을 되짚어오며 한사코 솔밭 너머너머를 바라본다. 곡절 많은 한 시인의 생애와 가슴 뜨거웠던 음악가의 불우했던 생을 잠시 떠올린다.

그들은 교행하는 열차처럼 엇갈린 운명을 안고 저마다의 삶을 살았었다. 그들은 가고 없다. 남은 것은 그들의 시와 음악뿐. 급행열차처럼 빠르게 돌아가는 세상에서, 그럼에도 그들의 예술은 여전히 남아 이곳을 찾는 이들을 말없이 위로한다.

남평역 위로 희미한 어둠이 내린다. 남도에서 유일한 S자 곡선의 철길이 서서히 어둠에 물든다. 금방이라도 기적소리 휘날리며 완행열차가 들어올 것만 같다. 우리네 삶 또한 잠시 머물다 떠나는 간이역이 아니던가.

다가오는 주말에는 기차를 타고 어느 낯선 간이역을 향해 떠나리라.

저자 박성천

소설가이자 광주일보 기자인 저자는 다양한 영역에 걸친 글쓰기를 통해 사람과 세상, 문화에 대한 지평을 넓혀가는 인문학자다. 전남대 영문과와 동대학원 국문과 박사과정(문학박사)을 졸업했다. 2000년 전남일보 신춘문예에 소설이 당선돼 문단에 나왔으며 2006년 소설시대 신인상을 수상했다. 문학 기자와 『예향』기자로 활동하면서 문학 관련 기사뿐 아니라 우리 시대 화제가 되는 인물 인터뷰, 다양한 문화 담론, 인문학적 주제, 학술 전반에 대해 깊이 있는 글을 쓰고 있다. 또한 전남대에서 학생들을 가르치며 늘 배움에 대한 열망을 실현해가고 있다. 지금까지 소설집『메스를 드는 시간』, 『복날은 간다』와 인문서『책은 사람을 만들고 사람은 책을 만든다』, 『강 같은 세상은 온다』, 연구서『해한의 세계 문순태 문학 연구』, 『짧은 삶 긴 여백 시인 고정희』, 『스토리의 변주와 서사의 자장』등을 펴냈다.

문화와 역사가 숨쉬는 공간
사진으로 보는 문화역사기행

초판인쇄	2017년 6월 09일
초판발행	2017년 6월 15일
저 자	박성천
발 행 인	윤석현
책임편집	안지윤
발 행 처	제이앤씨
주 소	서울시 도봉구 우이천로 353 성주빌딩 3F
전 화	(02) 992-3253(대)
전 송	(02) 991-1285
전자우편	jncbook@hanmail.net
홈페이지	http://www.jncbms.co.kr
등록번호	제7-220호

ⓒ 박성천, 2017. Printed in KOREA.

ISBN 979-11-5917-060-7 13980   정가 18,000원

* 저자 및 출판사의 허락 없이 이 책의 일부 또는 전부를 무단복제·전재·발췌할 수 없습니다.
* 잘못된 책은 교환해 드립니다.